令和版 現代落語論

～私を落語に連れてって～

立川談笑

落語のはじめに一問一答　～落語って、誤解されている?～

落語は二百年以上の歴史を誇る伝統芸能です。いまも根強いファンがおられる一方で、落語に接する機会がない多くの人から誤解されてもいます。

「言葉が古くて分からなそう。好きなマニアがいるのは知ってる」

「古典落語っていう言葉は聞いたことがある。『古典』ってつまり昔からの台本があるんでしょ。ギャグみたいなのも当然古くて今じゃぜったい誰も笑わないような。でも上手な落語家になると、間とか呼吸で笑わせるんだって」

「小学校の図書室にあった『日本のわらい話』、好きでよく読んでましたよ。あれって落語ですよね」

落語に対して世間がふわっと抱いている印象はこんなところでしょうか。どれも間違っちゃいないようで、やっぱり微妙に違うんですねえ。

ここでは、よくある疑問や誤解について一問一答形式で答えてみます。

Q 「落語って笑えるの？　落語家ってお笑い芸人なの？」

A 落語は面白いですよ。クスッとした笑いからワハハと会場が揺れる大爆笑まで。確かにお笑いの一種と言えます。それでも、笑える話ばかりでなく涙を流して感動する話もあるのが落語です。このあたり、お笑い芸人と似ていそうで大きく違うところです。

Q 「落語は子供向けなの？」

A 児童図書として『じゅげむ』『まんじゅうこわい』などを読んだことがある人は多いでしょう。あれは落語を子供向けに読み物に直したものです。私の認識としては、落語はどちらかというと大人向けの娯楽です。場合によって子供向けに調整をすることもあります。

Q 「落語は言葉が古くてむずかしそう」

A いかにも昔の江戸の下町らしい乱暴な口調や、お殿様や侍の格式ばった言葉遣いはよく出てきます。たまに意味不明の単語がポロッと交じってくるかもしれません。それでも、現代人が十分に理解できる日本語でお話ししています。イヤホンガイドなどは必要ありません。

Q　「落語は初心者でも分かりますか？」

A　分かるし楽しめます。初心者の感想で一番多いと感じるのが「落語がこんなに面白いと思わなかった。もっと早く聴けば良かった」です。

Q　「YouTubeで昔の名人の落語を見たけど、面白くなかった」

A　ああ、心の底から残念です！　基本的に落語はライブで楽しむ、いわば生ものです。ぜひ今の落語家の舞台を、客席に身を置いて、聴いて頂きたいです。

Q　「どこで落語を見られるの？」

A　最寄りの落語会はウェブで「〇〇県　落語会」などと検索するとチケットサイトの情報がずらりと出てきます。さらによく調べれば、チケットサイトを利用しない小規模な会が見つかるかもしれません。都内なら寄席定席《よせじょうせき》で一年中落語を楽しむことができます。

チケット料金（「木戸銭」ということもあります）はだいたい三千円前後、高くても五千円程度です。

Q 「落語を聴くときのマナーは？」

A 自分以外のお客様への配慮は不可欠ですが、普通に映画館に行く時と変わらないとお考え下さい。ただし、落語会では思いのほか音が響くので、公演中にレジ袋をむやみにガサガサさせたりしないようにお願いします。

Q 「落語に興味はあるけど、行くきっかけがない」

A もし身近に落語好きな人がいたら、「私も落語に連れてって」と言ってみて下さい。喜んで案内してくれるはずです。ご来場を心よりお待ちしております。

［令和版 現代落語論　目次］

時代の変化とともにある落語

【第一章】落語って、なんなんだろう？

法学部から落語の世界へ　～私が落語家になった理由～

　ここでは自分自身の半生を解説します。

　男ばかり三兄弟の真ん中として生まれ、育ったのは東京の江東区です。昭和四十年頃の北砂はディープな下町でした。

　我が家は古い木造アパートで、トイレと炊事場と下駄箱は共同。風呂はないから銭湯通いです。遊びといえば、メンコ、ベーゴマ、紙芝居。冬は駄菓子屋の奥座敷でもんじゃを食べたのも懐かしい。

　これで父親が鳶[※1]の親方です。もう絵に描いた江戸っ子かと思いきや、父は青森県五所川原市出身なので私はいわゆる江戸っ子でも何でもありません。でも、そんな父が演芸番組好きだった影響で、なんとなくテレビに映る落語に親しみ始めました。

※1　建築現場において、高所の作業を中心に、家の基礎工事や解体などを専門とする職人（またはその職業）のこと。

幼いころ特に楽しかったのは、鳶の若い職人さんたちと一緒に囲む晩御飯です。二十歳前後の若いお兄さんたちがいつも三、四人いて、夜はわいわいと賑やかに異常な量の食事を平らげるのです。焼き肉八キロ、豆腐二十丁とか。我が家のガス炊飯器はバカでかい二升炊きでした。今になって私が弟子たちを家に招いてご馳走したくなるのは、この頃の体験に根ざしているはずです。

そのうちに母親が看護師の仕事に復帰したのがきっかけで、家事を手伝い始めました。中学生になると放課後に砂町銀座でお買い物です。夕飯の献立を考えながら。だから今でも料理は得意。

学校の成績は優秀なほうで、中学高校と柔道にのめり込んでいました。当時憧れていた職業は、医者か弁護士か、力士かプロレスラー。ああ、進路の脈絡がちぐはぐで、とても恥ずかしい。本当に恥ずかしい。結局どれにもなれなかったし。

落語も楽しんでいましたが、やはりもっぱらテレビでした。深夜放送の「落語特選会」[※2]や「らくごin六本木」[※3]を観るために遅くまで起きていたり、ビデオ

※２　TBS系列で昭和中期〜平成初期にかけ、約30年にわたり放送された人気番組。
※３　フジテレビ系列で1981〜1985年に放送された落語バラエティ番組。

に落語ばかりを録り溜めて繰り返し観たり。

高三で迎えた大学受験はあえなく失敗。そこで再受験に向けて予備校の道は選ばずに、デパートや運送会社で働きながら勉強を続けました。自宅浪人どころかアルバイト浪人です。

そうして翌年入学したのが早稲田大学法学部。あらまあ、晴れがましいったらない。

入学すると落語研究会には見向きもせず、すぐに司法試験を目指すサークルに入りました。毎日重い法律の本をどっさり抱えてずいぶん勉強したし、よく仲間と酒も飲みました。多種多様なアルバイトを経験したのもこの時期です。念願の寄席《よせ》※1も何度か覗いてみました。でも、たまたま客が少ない時ばかりで、演者との関係が濃厚すぎるというか気を抜けずに、逃げ場がないというか落ち着けない印象だったのは残念です。

司法試験に向けた勉強の傍ら、いつしか予備校講師が定職になり、そこで落語好きな先輩講師に出会って落語熱が再燃しました。きっかけは「落語好きな

※1　落語や漫才、講談などの芸能を上演する大衆的な演芸場、興行小屋。

ら志ん生[※2]を聴かなきゃ」の一言でした。もともと法律書を目当てに都内各地の図書館に通っていた私は、視聴覚コーナーの片隅に並んだ落語の録音テープの存在を知り、借りて聴いてみたらまんまとハマってしまったというわけです。志ん生師匠の音源は片っ端からダビングして聴きまくりました。

大学を卒業した時には入学から六年が経っていました。そして、そろそろ分かってきたのが、「自分にとって司法試験合格はまだ遠い」という現実です。周りには年上の司法浪人生たち。自分も受験の泥沼の中でズルズルと歳を取っていくのは怖い。そこで決心をしました。

「受験は一旦棚上げにして、今しかできないものを見直してみよう」

フラットな気分になって世間を見回していて目に留まったのが、子供の頃から好きだった落語です。ちょうどその頃、高田文夫[※3]先生が時事ネタや新しいギャグをこれでもかと詰め込んだ新しい落語で大爆笑を巻き起こしていまし

※2　5代目古今亭志ん生。1890〜1973年。その破天荒な人生そのものが落語とも言われる、昭和の大名人。

※3　1948年生まれ。放送作家、タレント。「オレたちひょうきん族」など、数多くの番組に携わる。落語家としては立川談志に入門、1988年に立川藤志楼として真打昇進。

た。古いものから錆が落とされてピッカピカに輝くようで、初めてその落語に出会った瞬間、私の目から鱗が五万枚ほど落ちました。

さらに高田先生の師匠が立川談志[※1]でどうやらすごい人らしいと、改めて注目しました。高座に足を運ぶと、面白い。そして何より、深い。

落語は単なるお笑いだとか伝統芸だとかではなく、その奥に人生観だったり生きていく上で大切なものがたくさん詰まっているのだ。

意を決して談志に弟子入りしたのが二十七歳。入門には遅い年齢です。当時談志は「昨日入門した者でも、基準を満たせばすぐに二つ目[※2]に昇進させる」と宣言していました。打算ぽくて恐縮ですが、談志を選んだ理由のひとつではあります。実際、一年ちょっとで二つ目昇進のお墨付きを頂きました。

二つ目になり晴れて落語家としてのスタートを切ってから二年ほど経って、落語とは別に情報番組[※3]のリポーターという仕事を得ました。それから足掛け二十年あまり、まさに日本全国を取材で飛び回りました。硬軟ありとあらゆる

※1　1936〜2011年。1983年に立川流を創設。破天荒な行動や毒舌で「落語会の反逆児」と言われる一方、その独自の落語哲学と芸で多数の熱狂的なファンを集めました。
※2　「前座」「二つ目」「真打」の 3 つの階級があります。
※3　2000〜2018年、フジテレビ系の情報番組「とくダネ！」にレギュラー出演していました。

テーマにわたって、現場に身を置いて見聞きする。実に貴重な体験でした。お会いしたのは、超豪邸に住む大金持ちから路上で生きづらさに悩む人たちまで。街をはいずり回って対象者を探すネタをよく任されました。今でもWEBで見かける有名な画像「働いたら負けかなと思ってる」[※4]の中でマイクを握っているのは私の手です。

人と会って話をすることは大切で、私にとっては「落語家は世上のアラで飯を食い」という言葉に直結します。様々な立場の人々の喜びや苦しみに寄り添った体験は、落語に反映させてきました。また、その落語によってどこかの誰かが勇気づけられる事実も知りました。

人との結びつきのお蔭で私は今ここにいます。皆さん、ありがとう。

※４　2004年に当時話題だったニートに関する取材で、レポーターとして話を聞いた男性が発した言葉。

落語をエンタメ視点で見る

■大衆芸能としての落語

落語は伝統芸能であり、同時に大衆芸能です。では、そこでいう「大衆芸能」とはどんな意味なのか。私は落語をこんな風に説明しています。

「ひと言でいうなら、落語は少年ジャンプです」

ギャグ漫画でげらげら大笑いする作品があれば、強大な敵に立ち向かう冒険ファンタジーもある。笑い、涙、友情、勇気、恋愛、敗北、悲しみが詰まっていて、読むことで大げさに言うと「生きる力」をもらえる。

また気軽に手にするもので、読んだら大切に書庫に収めたりせず捨ててしまう。立派な学者先生だとか偉い政治家が読んでるとちょっと違和感がある。

あと、チケットが安い。わはは。ほかのエンタメライブに比べて落語は本当に安い。

と、こんな大衆性をもった芸能です。町中華や銭湯にたとえることもできそうですね。気取らず気軽で、身近な愉しみ。そういう意味で落語は大衆的だということです。

ついでに。そんな話を高座[※1]でするとき、

「ですから落語会なんて気取らず気軽に来るものですよ。あんまり余所行きの晴れ着を着て頑張っておしゃれして来る人なんて少ないでしょ。……って今日はまた皆さん、一段と油断した格好ですねー」

お客さん一同わっと笑いながら、周りを見回してさらに大笑い。だって自分もみんなもバッチリ普段着なんだもの。ああいう瞬間の笑いって、ただ可笑しいのとはちょっと質が違いますよね。「そうだよね、これでいいんだよね」と確認できた安心感、かなあ。

※１　芸人が芸を演じるために上がる一段高いところ。

おっと。念のため。客席にひとりでもふたりでもオツな和装美人なんかがいらっしゃる時はこんな話は絶対にしませんからね。ちゃんと客席を確認してから喋ってますよー。

■落語は直接体験

ある先生からお話を伺ったことがあります。その先生は脳の研究をされる方で、人間が行うあらゆる活動を対象にしてどんな時に脳が活性化されるのかを調査されているのだと。生きている限り眠っていたっていくらか脳は活動しているでしょうから、何がしかの基準を満たすと「活性化」になるのでしょう。

その中で面白かったのが「読書」です。書籍を手にして読む時、脳は活性化する。そりゃそうだろうと思います。ところが、たとえば同じ文学作品を読むにしても、パソコンやタブレットの画面で読む時は活性化しないのだと先生は言います。

「なぜでしょう？　紙の触感でしょうか。インクの匂いとか？」

「理由は分かりません。私は現象を集めているだけですから」

「なるほどー」


もっと驚いたのが人と話をする時。対面で会話をする時、人間の脳は活性化する。ふむ。ところが、電話で話をする時は活性化しないというんです。

「えー！　対面する時と同じように電話でもややこしい議論もするし、笑ったり怒ったり感情も揺さぶられますよ。脳は存分に働いてそうですけど」

「でも私の基準では脳は活性化に至らないんです」

「対面にあって電話にないもの……視覚情報。じゃ、テレビ電話はどうですか」

「調べました。テレビ電話、活性化しません」

「うへー」


先生のお話を私なりに要約すると、つまり、手元の書籍や目の前の人物と直接向き合う時に脳は活性化する。しかし、間接的に、たとえば電気的なツールを介した瞬間に活性化が妨げられるということになります。

そこでふと思い出すのが、昨今のリモート会議やオンライン授業です。また、重たい教科書をタブレットに置き換えましょうなんて話もあります。確かに便利に使っています。でも、機械を介した場では「情報」のやり取りはできても、人に直接会う時には感じる「何か」が欠けているとしたら、どうでしょう。

落語も同様だと感じています。これは実感として。落語家と観客が同じ空間で向かい合う、つまりライブで楽しむのが本来です。電子ツールを介在させての動画や音声でも、もちろん楽しめます（重要！）。けれども、寄席や落語会の座席に身を置いて、リアルに体感するのとは質が大きく違うと感じるのです。このあたり、落語ファンならば経験上よく分かる話だと思います。

また、初めてのお客様からは「やっぱりライブは迫力が違うねえ」との感想をよく頂きます。言葉にすれば迫力、ですね。うーん、それでも迫力だけじゃない「何か」なんだよなあ。どこかの先生、分析してくれないかしら。

■落語は双方向《クロストーク》

われわれ落語家は目の前の客席にいるお客さんに合わせて、細かくおしゃべりを調整しています。話題を変える、言葉遣いを変える、話すスピードや間合いを調整する。いわばその場限りのオーダーメイドです。

その上、ひとりひとりのお客さんをひとつのまとまりとしてコントロールすることができるのです。まるでオーケストラの指揮者のように。

「本当にそんなことできるのか？」

できます。ただし、毎回必ずとは限らない。わはは。正直に言うと、滅多にない。その代わり、うまく落語家と客席全体とがシンクロした時の愉しさは格別です。まさに自由自在。アスリートの世界で完全に集中しきった状態を「ゾーンに入る」といいますが、たぶんそれに近い状態です。そんな客席全体との一体感を、私の師匠談志は「客席がすっぽりと手のひらに収まる感じ」と表現していました。

そして演者自身が思いもよらないようなアドリブが飛び出すのは、そんな時です。談志自身が「芸の神が降りてきた」と評した二〇〇七年の『芝浜』[※1]がまさにそうでしょう。登場人物たちが勝手に動き出した、と。

そんな風におしゃべりの調整をするためには、その場のお客さんの状態をしっかり把握することが不可欠です。では、どうやって把握しているか。実は、様子を目で観察しているのです。意外に気づかない方も多いのですが、落語会では高座からお客さんの表情がよく見えるように、あえて客席照明が明るくしてあります。たとえば演劇や映画だと、上演中の客席は真っ暗になります（客電ゼロ%）。ところが落語会の場合は、いくぶん暗くするだけ（客電50%）です。

とはいえ「俺は目が悪いから客の顔なんか見えないよ」という落語家はいるし、「たまたま眼鏡かけたまま上がったら客の顔があんまりよく見えるんでビックリしちゃったよ。おまえらよくあんな状態で落語できるなあ」なんて人もいます。でも同じその人が言ってました。

「客席でぜんぜん笑わないおじさんとかいるじゃん。コノヤローってなんとか

※1　2007年12月18日公演。「談志大全（上）DVD-BOX」収録。演目『芝浜』については本書172ページ。

笑わせようとか思いがちだけど、気にしちゃダメ。むしろ、よく笑うおばちゃんとかがいたらその人に照準を合わせる。そこから広がって全体を巻き込めるから」

表情が見えなくても、そういうことだそうです。なんだかんだしっかり把握はしてるのね。

また、観察しているのはお客様ひとりひとりの表情だけではありません。客席「全体」も見ています。

ぐーっと話に集中している時、高座から見る客席は全体が静止画のようにピタリと止まって微動だにしません。逆に集中が切れている時は、なんとなく全体がもぞもぞと動き出すんです。急に座り方が気になって直してみたり、なんか背中がかゆくなっちゃったり。

このあたりの話は、学校の先生もよく分かるところでしょうね。授業中の教室の様子を見て「(なんとなく全体がもぞもぞしてきたかな?)ハイ、みんな注目!」なんて気合い入れたりして。

といって、最初から最後までピタリと動かずに集中しているのが必ずしも良いわけではありません。それだと疲れちゃうから。だから、ビシッと集中する時と、だらっとのんびりと聴き流す時とを適切に配分しようと心がけています。

さらにここからは上級編。客席全体のリズムを合わせる技術に「呼吸」があります。たとえば、笑う時は息を吐き、笑い終えると息を吸いますね。また、緊張すると息を止め、緊張が解けるとハーッと大きく息を吐く。あの吸うと吐くのリズムを落語家と客席全体とで合わせるのです。呼吸が揃うことで客席全体のリアクションのずれがなくなります。そして笑うタイミングがぴったりと揃うと、ドカンと爆発的な笑いにもつながるというわけです。まるで武術の達人が真髄を語るようですが、ひょっとしたらどこか通じるところがあるかもしれません。

落語家の全員はやってなさそうですが、少なくとも、高座で息を吐いたり吸ったりの動作を強調して見せる姿に、私の目から「あぁ、これは客席を合わせようとして意識的にやってるな」と思う落語家は何人もいます。

落語は落語家からの一方的なおしゃべり、スピークと思われがちですが、実は落語家と観客との双方向が発信と受信を繰り返すトーク、クロストークなのです。

■落語家は美容師と似ている?!

ここまで技術的な話をしてきました。私は、落語家を専門的な技術者だと考えています。

寄席や徒弟制度という育成システムの中で、若者が必要な技術を習得する。その後一定の基準を満たすと協会が認証したライセンスを与えられて、現場に出て技術者として活躍する。

中には途中でドロップアウトする人もいますが、多くは技術者のライセンスを得ることができます。

そんな脈絡で、落語家は理容師や美容師と類似の職業だと私は思っています。必要十分なスキルを身につけた技術者。

先ほど「客席に身を置いて、直接対面で楽しむのが落語の本来だ」と述べました。そこがまさに理美容師の仕事に通じるところです。直接対面して施術を受けないと意味がない。YouTubeでヘアカットの動画をいくら見ても、頭はぼさぼさのままですよね。

今日も落語家たちは全国津々浦々まで足を運んでいます。山奥でも離島でも。大きなホールから小さな公民館や集会所まで。ご当地の皆さんと実際に顔を合わせて落語を楽しんで頂いています。これを、「技術者が施術のために現場に出張しているのだ」と考えるとちょっと見方が変わってきませんか?

理美容師になぞらえる理由がもうひとつあります。それはアーティストとしての側面を備えている点です。落語家も理美容師も、一定以上の技術に加えて独自の感性を活かす職業です。独自性をどれほど強く打ち出すかは、それぞれの個性によります。

世の美容師さん全員が、必ずしも世界一のキレッキレのヘアデザイナーを目指しているかというと、そうではありませんよね。地元の皆さんを相手に堅実に仕事を続けている美容師さんは大勢います。落語家だって同じです。

何を言いたいかというと、有名ではない落語家だとしても立派な技術者です。と、これが言いたかった。「お近くに落語家が公演に来たら、名前を知らなくてもどうぞ聴きに行って下さいね」と声を大にして言いたいのです。安心して落語を楽しめるはずです！と断言しておきます。

■お笑いと、落語

落語もお笑いも人を笑わせるという意味で、同じ「笑芸」として一括りにすることは可能です。それでもずいぶんと違いがあるのは確かです。

漫才やコントなど、現代の「お笑い」こそ途方もなく世界が広く多岐にわたるので、すべてを一緒くたに語ることはできません。と前置きした上で。

まず人を笑わせる点でいえば、お笑いは現代日本の「笑芸」内で最強最大のジャンルに間違いありません。お笑い芸人やそれを目指す若者たちの数だって、落語に比べて何百倍も何千倍も多いでしょう。また、わずか三分間の持ち時間でも爆発的な笑いを取ることができるお笑いとでは、笑いの量ではとても落語はかないません。


質の違いもまた一緒くたに語るのは難しいのですが、私なりにそれぞれの特徴を考えてみました。

お笑いはアーティストの比重が大きい。才能やセンスが重要。バラエティ番組のフリートークなど、技術的な要素があっても前提として才能やセンスの裏打ちが欠かせない。

落語家は技術者としての比重が大きい。さほど才能やセンスがなくても、技術で補えば落語家は何とかなる。売れっ子になれるかはさておき、何とかは、なる。

お笑いは直感的な面白さ。パッと見て面白さがすぐに伝わる、いわば動画コンテンツに似ている。

落語は頭脳的な面白さ。言語的で、文字を読み進めないと面白さが伝わらない、いわば書籍に似ている。

我ながらざっくりです。もちろん、あてはまらない例や逆の例はたくさんあります。あくまで大まかに違いを際立たせるとこうなるかなといったところです。

そしてひとつ、落語ならではの長所があります。「落語は聴く人の心を癒すことができる」と思っています。笑いの多い「滑稽噺」[※1]でも、全体に人間味がにじむものです。また、心温まるドラマを語る「人情噺」に至っては、客席は涙に包まれます。感動して泣くなんて漫才やコントではあまり見たことがありませんね。落語会の客席ではとりたてて特別なことではありません。

※1 「滑稽噺」「人情噺」のほかにも、「怪談噺」や遊郭（ゆうかく。花街ともいう）が舞台になる「廓噺（くるわばなし）」、開演直後の一席目（開口一番ともいう）で演じられることが多い「前座噺」などがあります。

■寄席という名の「城」

三十年ほど前、私は予備校に勤めていました。受験シーズンを終えて、進路が落ち着いた教え子たちとお別れパーティーをした帰りの、あれは下北沢の駅前だったか。

「今度、予備校の先生を辞めることにしたんだ」

「えー、辞めてどうするの？」

「落語家になることにしたんだ」

「らく、ご、か？」

その場にいた二十人ほどがキョトンとした顔をしていました。ようやくMさんという女の子がおそるおそるといった感じで、

「それってひょっとして……お笑い？」

これにはショックでした。これから足を踏み入れようとする業界の、とりわけ若年層での認知度の低さを突き付けられた気分でした。

その十年後くらいに、ご存じのドラマ『タイガー&ドラゴン』[※1]をはじめとした平成落語ブームの到来で落語は息を吹き返すことになります。

それまでの、一時期とはいえ世間で落語の認知度がものすごく下がった時代。団体と寄席が存在したからこそ落語という芸能は命脈を保ちえたのだと信じています。いわば寄席は落語家たちにとっての「城」なのです。寄席に出ない立川流[※2]の私が言うのだから、間違いない。

現在、都内で年中休みなく昼夜興行をしている寄席定席は、四か所。上野鈴本演芸場、浅草演芸ホール、新宿末廣亭、池袋演芸場。ここに昼席のみの国立演芸場[※3]を含めることもあります。興行を行なっているのは、東京の落語家のメジャー団体である落語協会と落語芸術協会。上野鈴本演芸場は落語協会が、他四か所は二つの教会が交互に十日間ずつ担当しています。

私は落語立川流というインディーズ団体の所属なので、寄席には基本的に出演しません。ちなみに、東京の落語家の団体にはもうひとつ五代目円楽一門会があります。

※1　2005年に放送されたテレビドラマ。長瀬智也、岡田准一のダブル主演。脚本は宮藤官九郎。
※2　立川流は立川談志が1983年に落語協会から脱退して作った団体。協会に属さないため、基本的に寄席定席には出ません。
※3　2023年10月より、建て替えのため休館中。2029年秋再開場の予定。

もっとも、団体とはいっても互いに血で血を洗う抗争を日々繰り広げることもなく、みんな仲良くしているのでご安心を。所属団体が違う落語家が一緒に出演する落語会は、日常的に都内でも全国でも催されています。

ここで寄席定席、いわゆる寄席について。私自身は立川流所属なので語る立場にはないんですが、傍目からの感想、印象としてちょっとだけ。

寄席は、酒蔵のように落語家が醸造される感じがあります。寄席の中いっぱいにわーっと麹みたいな何かが住みついていて、普通の若者をすっかり寄席芸人に育ててあげる、そういう何かが働いてるんですよ、きっと。それが先輩芸人だか、年経る関係者だか客だか判然としない人たち、あるいは建物を含めた全体の空気かもしれないけど。

日常生活の場として朝から晩まで寄席の楽屋にどっぷりと身を浸して前座なり何なりの年月を過ごす。そこでもたらされる何かが、ある。

立川談志は「寄席がなくたって落語家は作れるんだ」と四十年前に落語協会

と寄席を離れ立川流を作って、私もそこで育ったし歌舞音曲も太鼓も※1身につけたんだけども。何だろう。立川流の中でも寄席で育った経験を持つ古株の先輩方には備わっている、何かがあるのです。

うーん。無理して言葉にすると、「芸人的に世慣れた感じ」かな。わはは。ほめてませんか。ちょっと近づいただけで一杯おごられそうな。触ってないのにベタッと鳥もちみたいにくっついてきそうな。何かそういう、人との間合いが近い感じの雰囲気。バッと間合いに踏み込んでくる。「くっ、後ろか！」みたいな。ううむ、分かりませんか。大丈夫。自分でも分かってません。

とにもかくにも。寄席という場と関わる皆さんが、落語という芸能を支えてくれていると思っています。リスペクトしてます。

地域寄席の話もしましょう。毎日の定席ではなくとも「〇〇寄席」と題して定期あるいは不定期に落語会を開催している地域寄席は、規模の大小を問わず日本全国にあります。落語は本質として、落語家と観客が同じ場所で体感する芸能だと私は思っています。どこへでも落語家は行きます。お近くで地域寄席のお知らせを目にしたら、迷わず足を運んで存分に落語を楽しんで下さい。

※1　落語立川流では、基準を満たすと前座から二つ目に昇進できます。基準とは、古典落語五十席、鳴り物（太鼓）、歌（都々逸、端唄、小唄など）、踊り、修羅場講釈（「三方ヶ原の軍記」）。

ただ残念なことに、コロナ禍を境にして地域寄席が休止になってそのままというところが少なくないんですねぇ。これが継続しているのなら、主催者は楽なもので、「じゃまた来月も、いつもみたいによろしく」とできるんです。ところが一度途切れたものをまた始めるのは、新規立ち上げと同じくらいエネルギーが要ります。運営の有志を集めて、出演交渉をして会場を押さえて、宣伝と集客をして……。大変ですよね。だけど当日、楽しい落語会ができて打上げでうまい酒が飲めればいいじゃないか！　私だっていくらでもお手伝いしますよ！

落語は心のデトックス

■落語は簡便なエンタテインメント

東日本大震災から一か月後、被災地に取材に入ることになりました。目的地の三陸へは盛岡駅からバスで向かいます。

陸前高田市の高田高校では広い体育館に布団や段ボール箱が並び、そこでは大勢が避難生活をしていました。責任者の方と話をしていて、失礼かもしれないと遠慮しつつ、

「落語の用意があるんですが、もしも聴きたいという方がおられたら……」

「ぜひぜひ！　どうぞお願いします」

東京を発つ際、迷いながらも最小限の高座着セットと出囃子[※1]CDをバッグに詰めて来たのです。着物、帯、襦袢、足袋。あとは扇子と手ぬぐい。すべてを包んだ風呂敷は小ぶりな枕ほどのサイズです。

※1　落語家が高座へ上がる際に演奏される音楽。主に三味線、太鼓、笛で演奏されます。

ということで、急遽、避難所で落語会を催すことになりました。体育館の正面ステージにはトイレットペーパーやティッシュその他生活に必要な段ボール箱がうず高く積まれています。箱の山を左右に押しのけて、事務室の座布団を置いたら高座の出来上がり。

それから一時間もすると、他の避難所からも落語を目当てに集まった皆さん数十人がステージ前にぎっしり。そのすぐ後ろには布団や衣類の山、横たわる人の姿が広がるという光景です。

備品の機材でCDを再生してもらい、いつもの出囃子「野球拳」[※2]で即席の高座に上がりました。その日の落語『金明竹《きんめいちく》』[※3]はいつにも増して良くウケたなあ。

高座を終えて着替えたところに、たったいま落語を聴いたというご婦人が駆け寄ってこられました。

「本当にこの一か月、全く笑わなかったの。今日、一か月ぶりに笑ったの」

涙ながらに固く手を握りしめられて、こちらも胸いっぱいでした。

※２　落語家はそれぞれ自分の定番の「出囃子」があります。私は「佃」と「野球拳」です。
※３　滑稽噺の代表作の一つ。本書140ページで紹介。

落語とは簡便な娯楽です。音響、照明や舞台装置がなくても身体ひとつで何とか成立させることができる。そして何より、人の心をほぐすことができるのだと学ばせて頂きました。とても貴重な、私にとって宝物のような体験です。まだまだ復興は道半ばです。がんばろう東北！

■娯楽は不要不急なのか？

娯楽、芸術、芸能……。いや、本当は「文化的活動」全体についてお話ししたいんですが。どうも「文化」は広すぎます。ひとまず「娯楽」としましょうか。

新型コロナウイルスによる制約の中で痛切に思い知りました。たぶんわが国では、娯楽なんてものは不要不急の扱いなんです。生きるために必要では、ない。

勤勉というか真面目というか。生産性でものごとの価値が決まるとするならば、その生産性の中に娯楽がカウントされてないように思えてなりません。遊ぶのと働くのと比べると、無条件で働くほうが正しいみたいな。忙しいのと暇なのだと、忙しいほうが絶対に良いみたいな。すみません。言語力が追いつきませんね。話を進めます。

たしかに落語も音楽も聴かなくたって即死するわけじゃない。逆に音楽や落語を熱心に聴いたところで、学校の成績が上がるわけでもないし、明日から役立つビジネス知識も得られません。

それでは、娯楽は人間にとって役に立たないのか。どちらかと言ったら、不要なのか? 私は決してそうは思いません。

物質的な豊かさに直接に資することはないでしょう。でも、心の豊かさには間違いなく役に立つ。潤いもまた絶対に必要ですよ。娯楽は人生の潤滑油。栄養にたとえるならビタミンやミネラルです。あぁ、ちょっと何言ってるかまた分からなくなってきた。

たとえばママ友のランチ会で、とっくにお昼ごはんは食べちゃったのにドリンクのおかわりをしながら夕方の閉店ぎりぎりまでずーっとおしゃべりしてる、アレ。

「あのママ、子供たちみんなの情報にやったら詳しいじゃない。で、それはいいんだけど、それでちょいちょいマウントとってくる、みたいな？」「あ、それある！」「分かる？」「分かる分かる！」という、これです。これが娯楽。わはは。娯楽というと何か違いますね。「憂さ晴らし」と言うとピントが合うかもしれません。さらに言い換えると息抜き。ストレス解消。

「あれってイヤだよね」「そうそう」と、これでスッキリするって、そのこと自体に大いに価値がありますよね。ものごとは全く解決に向かわなくても。いや、むしろ解決できずどうにもならないことほどストレスはたまるし、ほんの一瞬だけでも解放されるととても気分が楽になります。

つらい日常を少しの間だけでも忘れるのは、健全な精神を保つためには有用でしょう。もちろん心理学の専門家ではないけど、経験上の話で。

うつ病の家族を支える会という少人数の集まりを取材したことがあります。そこにふと見知った顔があって、お互いにビックリ。彼女は私の月例独演会のご常連さんでした。毎月欠かさずお見掛けしてたのに、そういえば最近はお顔を見ないような……。

聞けば、うつを抱えるご亭主を毎日支えておられたのだそうです。

「一か月の中で、せめて二時間だけは自分のために使いたかったんです」

過去形で語る静かな口調に、一瞬様々な想像が巡りましたがそれ以上は訊けませんでした。

必ずしも余裕があって気楽に落語を楽しみに来る人ばかりじゃあない。ぎりぎりに追い詰められた中で「わずかな息継ぎ」のように必死で落語にすがる人もいるのだと、思いを新たにした出会いでありました。

間違いなく、娯楽は人の役に立つ。

■落語はダメな私たちを肯定してくれる

落語には気分を楽にする効果があります。

「昔から自分は他人より劣ってる」とか「頑張れない自分は、なんてダメなんだ！」と日々悩んでいる人は、ハイよく聞いて下さい。大丈夫。それでいいんです。あなたの存在は間違っていない。間違ってるもんか！

落語は自己肯定の宝庫です。ダメな私たちをじゃんじゃん肯定してくれる芸能です。どこぞに溢れているビジネス書の「ワンランク上を目指すには？」なんて前向きな姿勢はありません。上なんか目指さないんだから。

落語の中ではこんな登場人物が当たり前です。「仕事したくない」「ただで酒が飲みたい」「疲れることは嫌だ」「他人のものを横取りしたい」「努力しないでモテたい」。

もちろん話の続きでは、そんなダメ人間の前に良識あるご隠居さんやおかみさんが立ちはだかって「それじゃダメだ。しっかりしろ」なんて叱られるんです。

ただポイントとしては叱られるところではなくて、ダメなやつが本音をさらけ出すところにあります。ダメな気持ちってあるよね！と。

「こんなことを考えるべきではない」と心に蓋をして悪い自分を否定して、なかったことにするのはコンプレックスにつながります。「まずはありのままの自分を認めよう、その上で修正するならしましょうよ」という構えこそが、大衆の中でもまれて育った落語のスタンスです。落語は、聴く人が「ふう」と一息ついてリラックスできるようにと行きついた憩いの場です。

「人間なんてみんな心の底では、ずるくて弱くて自分勝手なものなんだ。ただし、そのままだと社会と折り合いが付けられないから、多少の無理をして世間に合わせているんだよ。みんなそんなもんだよ」、と。

これこそがすなわち、師匠談志が落語の本質であるとした「業《ごう》の肯定」です。やましいことや許されないことが自分の中から湧き上がってしまうとしても、あなたは特別に悪い人ではない。誰もが心の底で抱いても不思議はないし当たり前のことなんだという、いわば「許し」です。気が楽になりませんか？おっと、別に談志が許すわけじゃないので誤解しないでくださいね。あなたが、あなた自身をありのままでいいのだと「許す」という話です。

「大丈夫。ありのままでいいんだ」と落語は聴く人を肯定してくれます。日頃のストレスにまみれた心にこびりついた錆や老廃物を、わははと笑って吹き飛ばす。そしてまた、ストレスたくさんの社会に戻っていく。

落語は心のデトックス。現代における落語の存在価値のひとつだと私は信じています。

落語を歴史視点で見る

■落語以前にさかのぼる

ここからは歴史の話。まずは落語に至るまでの「語り芸」の系譜をさかのぼります。あ、もちろん私の興味本位です。

落語の直近の源流は講談、講釈だと言われています。これは通説。講談の正面を向いて主にナレーター的に歴史物語などを観衆に語ってきたスタイルから、左右を向くことで別人物を演じる「カミシモ（上下）」という技法を積極的に採り入れ登場人物を活性化させることで、落語は講談から大きく分岐しました。

講談では多くの場合、歴史的な合戦や裁判、伝記などを語って観衆に聞かせます。また講談の世界ではこれを「読む」といいます。実際に昔は、今のように丸暗記して何も見ずに喋るのではなくて、本当に書物を手にして読み上げることも少なからずあったのだろうと私は想像しています。

読み聞かせというと子供相手のようですが、まだまだ識字率が低い昔のことです。文字が読めない大人だとしても、知的欲求はある。そこで、昔この世になにがあったのかという歴史書としての役割があったろうと。

実際にあった昔の出来事を知りたいと思う大衆を相手に、有力な家に育って教養を備えた元武将だとかお坊さんだとかが「太平記読み」[※1]として合戦の場面なんかをドラマチックに読み上げたのですね。

そして長い年月にわたって根強い人気を保っていた「太平記読み」としての講談が、一気に大ブームを迎えるのが元禄時代[※2]。講談から落語が分離独立するのもこの時代ですが、その話は後ほど。

ではその「太平記読み」などの「講談」はいきなり生まれたのか？

やはり源流があります。講談は、「講釈」ともいったくらいで仏教の講釈、お坊さんの講話がそもそもと言われています。たぶんこれも通説。中国から伝来

※1　講談の源流の一つ。南北朝時代の軍記物語『太平記』をはじめとする軍記物を読み上げるものです。
※2　江戸時代中期、1688～1704年。

して貴族を中心に広まった仏教が、民間まで広がったのが平安時代以降です。庶民は書物なんか読めないから、仏の教えを分かりやすくかみ砕いてお話をしたのだと。

平安時代末期に成立したといわれる、仏教の説話を集めた『今昔物語集』[※1]や、鎌倉時代初期の『宇治拾遺物語』[※2]などにはいかにも庶民の興味を引きそうな短い話がたくさんで、内容は必ずしも仏教的ではありません。他愛のない笑い話から怪奇現象、アクション活劇までと多種多彩です。芥川龍之介の『羅生門』『鼻』の元ネタとしても有名ですが、面白い話は他にもたくさんあります。たとえば相撲取りの集団と大学生たちの集団乱闘事件だとか。あはは。ちょっと読んでみたくなりませんか？ まず大学生って何よ？ ってところから気になりますよね。

そしてもうひとつ、別の講談のルーツを紹介します。

『一気読み世界史』[※3]（出口治明著）の中で、宋の国の都開封（かいほう）の繁栄ぶりの記述にこんなのを見つけました。中国の歴史で宋の時代とは十～十二世

※１　平安時代末期に成立したと見られる日本最大の説話集。編著者未詳。
※２　鎌倉時代初期の説話集。編著者未詳。
※３　2022年、日経 BP 刊

紀頃です。

「人々は深夜までお茶や酒を飲み、劇場で講談を楽しみました。そこで大人気となったのが、名裁判官の包拯《ほうじょう》の物語で、『大岡越前』※4のネタ元です。東京《とうけい》とも呼ばれる開封は、日本文化の源流にもなりました」

あらま。ちっとも知らなかった！

そこでさらに詳しく調べました。宋の時代には都市部で発達した「説話」という話芸があって、その内容は戦争を扱う軍記もの、裁判を扱う政談ものを中心にジャンルも広くて、口演を書き残した台本はその後の口語長編物語「水滸伝」※5や「三国志演義」※6につながってゆく……って。おいおいおい。めちゃめちゃ講談のルーツっぽいじゃないか！

仮にこれが講談の遠い源流となると、落語にとってのはるかなルーツも中国ということになります。

宋の時代は娯楽が誕生した時代。気候が温暖化して農産物の収穫が増え、人口も増えて経済が豊かになったから、娯楽として民間芸能も盛んになったということのようです。余裕ができてこその娯楽・文化なのですね。

※4　1970〜1999年に放送されていた時代劇テレビドラマ。主演は加藤剛。
※5　中国、明代の長編小説。宋の時代、豪傑の梁山泊への結集と悲壮な運命を描く作品。
※6　中国、明代の長編小説。後漢末と魏・呉・蜀による三国時代が舞台。

ここまでをひとつにまとめると、「地球が温暖化すると落語が生まれる」。わはは。バタフライエフェクト[※1]式に言うとこうなります。

■落語の発生から成立

いよいよ落語の根本。話芸として人に笑い噺を披露する歴史をひもときます。戦国時代に御伽衆《おとぎしゅう》と呼ばれる人々がいました。戦国武将の話し相手だかコンサルタントだか、武将のそばで何か言う人だったんですね。各自に得意分野があって、中には落ちのある面白い話を得意にする人たちもいたといいます。

御伽衆として秀吉に仕えたともいう（私は半信半疑ですが）のが、安楽庵策伝《あんらくあんさくでん》という偉いお坊さん。彼が残したネタ帳ともいうべき笑話集『醒睡笑《せいすいしょう》』には、『宇治拾遺物語』からのネタもあり笑話の継承が見られます。また現在でも落語として演じられている『平林』[※2]、『かぼちゃ屋』[※3]の原型などがあって、策伝和尚は「落語の祖」と言われています。

※１　非常に小さな出来事が、最終的に想像もしていなかった大きな結果につながること。
※２　手紙を届ける相手先の名前の読み方をめぐる滑稽噺。
※３　与太郎が叔父にかぼちゃを売ってくるように言われたことから繰り広げられる滑稽噺。

戦国の世が治まって天下泰平、江戸は中期の元禄時代です。

かつてシェルドレイク[※4]という博士が提唱して賛否を巻き起こした「形態共鳴」という仮説がありました。ライト兄弟と二宮忠八が同時に飛行機を発明したとか、エジソンとベルが同時に電話を発明したとか。ときおり画期的な新発明が同時多発的に成し遂げられるという不思議な現象には、実は一種のテレパシー的な伝達が関係しているのだとする説です。

面白すぎる仮説の真否はさておき。落語もそんな不思議な現象の一例です。京都、大坂、江戸と、ほとんど同時期に落語家的活動を始めた人たちが出現したのです。京都は露の五郎兵衛[※5]、大坂は米沢彦八[※6]。江戸では鹿野武左衛門[※7]。

京都と大坂は、華やかなりし元禄文化の中心です。そこに出現した落語はストリートパフォーマンスのようなスタイルでした。京都の露の五郎兵衛は四条河原。大坂の米沢彦八は生國魂神社。人がたくさん集まる所で、屋台と軒を並べるようにして笑い噺で投げ銭を稼ぎました。現代でも、大阪を中心に演じら

※4　1942年生まれ。イギリスの生物学者、超心理学者。
※5　上方落語の祖といわれる人物。京の祇園、四条河原、北野天満宮などで興行しました。
※6　大坂落語の祖といわれる人物。生國魂神社に小屋を構え、大名や役者の物真似を得意としました。
※7　江戸落語の祖といわれる人物。元は塗師でしたが、専門の噺家となり、人気になりました。

れる上方落語[※1]では拍子木でパンパンと台を叩くのは、通行人の気を引いて足を止めさせる工夫の名残だと言われています。

江戸の鹿野武左衛門はインドア派です。料理屋や銭湯で笑い噺をして人気を集めました。講談から続く話芸が、笑芸として分化を始めた時期です。

さらに時代は下って十八世紀後半、文化文政時代[※2]。今から二百年ほど前の江戸で、いよいよ本格的な職業としての落語家や興行場としての寄席が登場します。

当時の最先端カルチャーに洒落本や滑稽本という読み物があって、戯作者たちはしのぎを削って人気を争っていました。流行、二次創作、行政による取り締まり、マンネリ化……とどこかで見たような浮き沈みを見せていた時代。

戯作者や狂歌師など面白いことに敏感な文化人たちが料亭などに集まって、各自が創作した笑い噺（「落とし噺」）を口演して鑑賞しあう「噺の会」を催すようになりました。

中でも烏亭焉馬《うていえんば》という人は親玉格です。戯作本や歌舞伎の脚本その他何でも

※1　大阪・京都を中心に発達した落語。基本的に関西の言葉で演じられます。また、小道具や演出、演目も江戸落語と違いがあり、同じ噺でも演目名が異なるものもあります。
※2　江戸時代後期、1804～1830年を中心に、江戸の町人文化が栄えた時代。

こなすマルチクリエーターで、活動分野のそれぞれに弟子がいました。落とし噺も得意で、その時に使った名前が立川焉馬《たてかわえんば》。そしてその話芸にほれたのでしょう、落語部門として初めての弟子に名乗りを上げた若者が専業落語家の第一号になりました。これが初代立川談笑です。わお。

そのうちに、そば屋や料理屋の二階を間借りし席料を徴収して落とし噺を楽しませる興行が始まり、さらに専用の劇場ともいうべき演芸場「寄席」へと形を進化させていきます。十九世紀になると江戸市中には一〇〇軒あるいは二〇〇軒もの寄席があったといいます。

途中、天保の改革※3の逆風にさらされます。「寄席や落語は風紀を乱すからケシカラン！」と、わずか十軒ほどになって、あー寄席が無くなるーというところで水野忠邦が失脚。寄席の数もすっかり元に戻ったって。こわい先生がいなくなった途端にきゃあきゃあと騒ぎ出す中学生みたいで、好きなエピソードです。

※3　江戸時代、老中水野忠邦が1841〜1843年頃に行った改革。主に、財政の引き締めや物価の抑制がなされました。

テレビもラジオも、インターネットもない時代。一日の仕事を終えて帰ってきて、「じゃ、ちょっくら横丁の寄席でものぞいてみるかなぁ」と銭湯に通うように気軽に足を運んでいたんでしょうね。

■寄席の繁栄と、競争の始まり

娯楽の王様である歌舞伎に誰もが憧れた江戸時代に、「寄席」という身近で手軽な娯楽施設が市内のあちこちにできました。興行場としての寄席が増えると、出演者として落語家その他の寄席芸人が増える。新規の客の数も増えて、ついには「寄席演芸」という大きなマーケットが誕生しました。

そんな、各町ごとに寄席があった時代の言葉に「八町あらし」があります。その人が出演すると地域一帯の客が集中して、隣接する町の寄席はどこも空っぽになる人気芸人のことを意味します。東西南北とその間の町が荒らされるから、八町あらし。つまり寄席の数が増えたため、競合相手との間でアンバランスが出てきた。マーケットを巡る競争が始まったのです。

寄席としては、集客力のある落語家を確保したい。他方、落語家としては、集客力のある寄席に出演したい。各自が戦略を巡らせ始めます。

有力な落語家からは「俺が出てやる代わりに、あいつとあいつを出してくれ」「ヤツを外さないと俺は出ないよ」とか。寄席からは「ウチに出演させるんだから、あそことあそこの寄席には出ないで下さいよ」「あそこの寄席に出たら、ウチは出入り止めだよ」とか。

ま、ま、やりとりは推測ですけどね。

落語家のほうも気が付きました。「俺が単独で寄席と交渉するよりも、人気落語家が三人、五人と手を組めば発言力は強くなるぞ」。ここで落語家が組織化されて団体、協会が誕生しました。

このあと、明治から昭和にかけて東京では複数の落語家団体が合併や分裂を繰り返すことになります。

時代の変化とともにある落語

■激変の十年

落語家は目の前にいるお客さんに柔軟に対応します。社会一般の価値観が変わってくると、同じ演目でも客席の反応が微妙に変わり、それに応じて落語もまた微妙に変わっていくことになります。

振り返って現在。サステイナビリティの呼びかけは、積極的に従来の生活習慣や価値観を見直しましょうと勧めてきます。他にもコンプライアンス、ガバナンス、ポリティカル・コレクトネス略してポリコレだとか。これまで見過ごされたり当たり前だとされたりしてきた言動やふるまいについて、油断なく検証の目を向ける姿勢が求められているように感じます。「いいや、自分はサステイナビリティなんて気にしないよ」なんて反発する人がいたとしても、賛否が分かれる状態がすでに変化です。

戦前や江戸時代の生活を語ることが多い落語の世界は、なんなら伝統的価値観の巣窟ですから。それこそ見えない壁がたくさんあります。

そんな中、落語界隈でこの十年ほどの急激な変化として感じること。

まずは客席に女性が増えましたね。女性落語家も増えた。

そしていわゆるコンプライアンスやハラスメントなどに対して客席がいくぶん敏感になったかなと感じています。

またそれとは別に、急激ではないもっとゆっくり三十年ほどかけて進む変化もあります。

古典落語の自由化。新作落語の台頭。フリートーク的なマクラの充実。

さてここからは、これらの変化と、逆に変化しないものとを見ていきます。その上で私が気になるのは、「この先、落語はどこまでも変わっていくのか、それとも変わらない部分はあるのか」です。

晩年の談志が残した謎の言葉「江戸の風」に、きっと鍵がある。

■女性の進出

寄席や落語会の客席に、昔から女性の姿はありました。でも最近は全体の傾向として女性率がぐっと増えたように感じています。カップルで、お友達同士で、またはおひとりで。

数えたことはないので実際のところは分かりませんが、どこも印象として男女半々くらいの気がしています。

今はあまり見かけなくなりましたけど、以前は野球のスタジアムでも居酒屋でも、圧倒的におじさんばっかり……という極端な場所ってありましたよね。競馬場だとかでも。

あれは女性が近寄りづらい雰囲気だったでしょうね。行ったところで好奇の目線を明らかに感じて居心地が悪いとか。「おじんギャル」[※1]が切り開いたのかなあ。約三十年前の流行語大賞ですよ。むむぅ、若い人は知らない言葉ですよね。

落語家の中には、元々寄席は男性向けの娯楽の場なのだと断言する人もいま

※1　「オヤジギャル」とも。1990年の流行語大賞（新語部門・銅賞）。漫画から出てきた言葉で、オヤジのような行動をする若い女性を指しました。

す。ある先輩からは、寄席は悪所つまり遊郭《ゆうかく》※2の近くで発達したのだと聞かされました。「遊びに来る男たちを目当てに寄席ができた。だから落語は内容も基本的に男目線なのだ」と。

詳しく資料を調べればそういう時期があったかもしれませんよね、というのが私の見解です。都内のあちこちに二〇〇軒も寄席があった頃に、遊郭はそれほどの数はなかったでしょう。女性も近所の寄席で落語を楽しんだと考えるのが自然です。

ただやはり女性の割合は少なかったようで、昭和の寄席中継のモノクロ映像を見ると、ほぼ男性ばかりの客席に女性の姿はちらほらと一割程度確認できるだけです。

客席に女性が増える一方で、落語家にも女性が増えました。お客さんとして落語を楽しむ女性の数が増えれば、中から自分もやってみようと落語家を志す女性が出てくるのも当然といえます。

「こないだ寄席の楽屋に入ったら、前座もみんな女ばっかりでさ。気づいた

※2　幕府公認で遊女たちが住んでいた場所。「廓（くるわ）」「花街」とも。落語で登場することの多い有名な町として、日本橋の「吉原」が挙げられます。

ら男は俺ひとりしかいないんだよ」と、ある協会の落語家が言ってました。そんなこともあるくらい、増えた。

かつては「落語家という職業は女性に向いていない」という考えは根強くて、たしか師匠談志もその一人でした。否定はしないけど合わないと思うよ、くらいの。ただ良くも悪くも自分の意見を変える人で、晩年は容認派のように見えました（師匠、違いますかね？）。

明らかに時代は変わったのです。女性の弟子入り志願が増えたし、女性を弟子として引き受ける師匠も増えました。

また近年、目だって活躍する若い落語家たちが居並ぶ中に女性が入っている様子は、もはや普通の光景です。彼女らが演じる落語に女性なりの目線や工夫があったりなかったりはそれぞれでしょうが、少なくとも観客側に違和感がなくなったのなら、大衆芸能としての落語はそのように変化を遂げたということです。

もちろん、そこに至るまでには「女性でも落語はできる」と身をもって証明してきた先達の功績があるはずです。

私自身からは、女性落語家もどんどん頑張れ！です。

落語は社会の変化に応じて柔軟に対応してきた大衆芸能です。将来は、今からは想像もつかないような落語の世界が広がっているかもしれません。

■落語とコンプライアンス

率直に言って最近の高座では、どこもお客さんの反応が全体的に少し上品になったなと感じています。優しくなったというか。

暴力だとかいじめ、ＤＶのような、現代社会として許されないことが噺に出てくると、落語なのに「ぴくっ」とかすかに空気が緊張する気がするのです。一瞬ですけどね。

そのわずかな雰囲気を拡大して言葉にするなら、「あれっ、そんな話を人前でしても許されるのかな?」みたいな。許されざるワードが発せられたことを敏感に聞き逃さない、引っかかる空気を感じます。もちろん、別にそのお客さんは取り締まりが目的でご来場してはいません。あはは。そんな人はいない。きっと普段からそうなのでしょうね。最近の風潮が身について、つい敏感にならざるをえない、とか。

もう少し具体的にお話しします。

たとえば『壺算』[※1]（私の場合は『テレビ算』）は商店主をうまく騙して安く買い物をする噺です。上手に騙すトリックが決まった瞬間、大きく笑いになるのですが、そこで「かわいそう」「気の毒」という表情を見せるお客様がごく少数ながら出てきたのです。話しているのは、落語というフィクションです。大多数は無責任にアハハと笑っているものを、マジで受け止める方がいらっしゃる。

少数とはいえ、そのお客様にとっては素直な感情のはずです。私は客席からのフィードバックの一つとして受け止めています。今後その傾向が広がって感じるようになったら、少しずつ調整する構えです。

※1　滑稽噺の代表作の一つ。本書120ページで紹介。

こんな風に微妙な空気を感じた落語家側が調整をすることで、すでに変わり始めている例があります。江戸落語の主要人物、与太郎[※2]です。前座が覚える定番のセリフに「ええ、落語のほうに登場する人物はと申しますと、八っつぁんに熊さんに横丁のご隠居さん。ばかで与太郎。人がいいのが甚兵衛さん……」とあるくらいのメインキャラクター。

その与太郎の表現が近年マイルドになってきました。かつてはずいぶん大げさに愚かしいキャラクターで演じることもあって、とても楽しかったのです。ところが今は、他人よりもちょっとおっとりした人程度のキャラクター設定に抑える傾向があるように思えます。上方落語でボケ役として登場する喜六に近づいた感じです。

そんな話題をある楽屋で振ってみたところ、キャリア十年ほどの若手落語家たちも口をそろえて言ってました。「昔みたいな与太郎は今ではもう無理です」。理由は、なんとなく客が引いている気がするから。ウン、わかるわかる。

個人的には、与太郎はこれからも落語の中で自由奔放に活躍してほしい。与

※2　数々の噺に登場する、間の抜けた言動で失敗を繰り返すキャラクター。「与太話」の由来でもあります。

太郎の存在は、落語ならではの豊かな多様性、懐の深さの象徴だと思っています。

そしてまた、人と人の関係についても昔と今ではずいぶん違います。身分関係、夫婦、親子、などなど。しかも同じ現代に生きていても、人によって価値観に差があるのもまた事実です。ここの扱いはとても難しい。一筋縄ではいきませんが、古典落語を従来のまま演った時に観客の多くが違和感を抱きそうな箇所があるならば、そこは上手に気にならないようにする。それが無理なら思い切ってセリフや設定を補修したいところです。

【違和感？ かもしれない例】

●娘の結婚相手を親の一存で決める（『井戸の茶碗』[※1]）
●わが子を戒めるために母親がトンカチで殴ると迫る（『子別れ』[※2]）
●児童が居酒屋で働く（『居酒屋』[※3]）
●雇用主が小僧に熱いお灸をすえると脅迫する（『おせつ徳三郎』[※4]）

※1　屑屋の清兵衛が仏像を手にして始まる噺。人情噺ですが滑稽噺として演じられることもあります。
※2　人情噺の代表作の一つ。本書 186 ページで紹介。
※3　酒を呑む男が居酒屋の小僧をからかう滑稽噺。
※4　奉公人の徳三郎と、その雇用主の娘おせつの叶わぬ恋模様を描いた人情噺。

もっとたくさん列挙できそうですが止めておきます。

昔だものそんなことあるよねと、噺の雰囲気の中で客が自然に聞き流すのか。とはいえやっぱり違和感として強く引っかかってしまうのか。そこが分かれ目です。

常識の違いもそうですが、江戸や戦前の社会風俗をどこまで忠実に再現するかもまた課題です。細部まで正確さを求める考古学ではないし、かといって昔の事実をねじまげるのもいかがなものか。

結局のところ、落語の中の古い世界はある種のファンタジーワールドなのです。現代に生きる我々が寄ってたかってなんとなく抱く「共同幻想としての江戸時代」です。

わざと奇異な言い方をしましたが、時代劇のドラマや映画だって同じことですよね。

「眉《まみえ》落として歯に鉄漿《かね》染めて」（『紺屋高尾《※5こうやたかお》』より）とは、「眉をそり落として歯

※5　染物屋の職人久蔵と吉原遊郭の最高位の遊女・高尾太夫との恋を描く廓噺。

を真っ黒に塗ること」。江戸時代に人妻になることを意味しましたが、時代劇にそんなおっかない顔の女性なんか出てきませんよね。それと同じです。我々がそれらしいと信じる過去の世界。

さて、ここでひとつ大きな疑問があります。そこまでして古い時代の物語をなぜするのか。二十一世紀のこの世界で、なぜ落語は江戸を語り、なぜ時代劇はなくならないのか。私は、まさにそこにこそ落語の本質に関わる「鍵」があると考えています。後ほどゆっくりお話しします。

■落語家の業界内

落語の世界は上下関係が昔ほどではないにしても厳しいし、楽屋や打上げなど密室的な状態になることが多い。ハラスメント発生の危険性が高い環境だと言えます。今は各団体、協会が頑張って防止策を講じていると聞き及びますが、他から見えない場所で密かに進行する人権侵害を根絶させるのは本当に難しい。

仮にちっこい嫌がらせだとしても、やられるほうは逃げ場がないから辛いですよ。大きい被害はなおさら。

でまた加害側は往々にして、先輩たちに向けては徹底して良い人アピールに余念がないんです。実は陰で後輩に嫌がらせをしているなんて周りは気づいてないだろうと、たかをくくってるのかもしれない。でも、落語家は基本的におしゃべりなんだな。ぜんぜん関係ないところで噂話になってて、

「誰とは言えないけどね。こんな話があってさ……」

「あ、それって〇〇の話じゃない？」

「知ってるの」

「もちろん。みんな知ってるよ。新ネタ？」

新ネタとか言われてんの。評判わるいよ。

結局、噂話が巡り巡って誰かに諭されるのか、加害がおとなしくなる例もあるみたいです。だったら最初からやるなよって。

ここからは徒弟制度の話。

プロの落語家たちは、師弟関係があって成立する閉鎖的な職能集団です。誰かがいきなり「んじゃオレ、今から落語家になったと決めたんでヨロシク！」ってのは基本的に通じません。相撲部屋だとかお坊さんの世界もきっとそうですよね。

そんな落語の師弟関係は、ほぼ親子の関係です。疑似親子。実際に感覚として、私にとって立川談志はお父さんであり、吉笑たち弟子[※1]は子供みたいなものです。

そこでの師匠の責任について。師匠は弟子を育てる責任があると同時に、落語家の道を諦めさせる責任もあると私は考えます。

私自身、いったん引き受けた弟子を複数人も辞めさせています。別に問題行動があったとかではなく。「きみには向いてないから、今のうちに他の仕事に就いたほうが楽しい人生になると思うよ」と。入門時にしっかり念押ししてあるので、内心はともかく、ほとんどは素直に諦めてくれます。こちらにも、ももやもやと後悔めいた気持ちは正直ありますが。

※1　2023年現在、立川吉笑、立川笑二、立川談洲、立川笑えもん、立川笑王丸の５人の弟子がいます。

後年になって元弟子が別の世界で元気にやっていると顔を見せてくれる時などは、本当にうれしいものです。後ろめたさから救われるような。

さて、師弟の関係についてときおり話題になるのは「行き過ぎた指導」です。今でもけっこう厳しい師匠はいます。具体的な件についてここで私がとやかく言うつもりはありません。大まかな枠についてだけ話をします。

強い上下関係があって、また伝統的で、何となく一般とは違った基準が存在する特別な関係のようでもあり。落語の師弟関係を明確に捉えることは容易ではありません。そこで最低限の枠がないものか、私なりに考えてみました。

ちょっと持って回った話し方をします。

「しかる、なぐる、ひねる、しばる、押入れに入れる、蔵に入れる、禁食せしめるなど」

これは少し前の家庭内で行われていた子の指導方法です。とても今では考えられないことばかりですが、親権者が子に対して有していた「懲戒権」の内容を具体的に解説したもの。つまり、ここまでなら体罰その他の罰を我が子に加えてもいいですよ、と我が国の民法は公然と認めていたのです。

その後、時代が変わって世間一般の人権意識が変わりました。子は親の所有物ではなく、一個の人格なのだと。

親権者の懲戒権は令和四年の民法改正で、なくなりました。

繰り返しますが、時代は変わったのです。疑似親子である師弟関係もまた、時代に相応しい姿になっていくのだと私は思っています。

民法改正部分の「親権者・子」を、あえて「師匠・弟子」と読み替えてみることでこの項を終わります。

①師匠による懲戒権の規定を削除するとともに（民法八二二条）

②師匠は、弟子の人格を尊重するとともに、弟子の年齢及び発達の程度に配慮しなければならず、かつ、体罰その他の弟子の心身の健全な発達に

有害な影響を及ぼす言動をしてはならない。（民法八二一条）

■落語の柔軟性

近年、古典落語はずいぶん柔軟になりました。若手もベテランも、落語家の多くが独自の工夫を古典落語に施すようになったのです。私はこの傾向を、新しい変化ではなく落語本来の柔軟な姿を取り戻したのだと解釈しています。

歴史を振り返った通り、落語という芸能を取り巻く環境は長い年月をかけて変わってきました。

落語の内容もまた、ちょっとした小噺がストーリー仕立ての一席になったり、様々な過程で、設定や登場人物を変化させたりしてきたのです。

ひとつ分かりやすい例を挙げます。変化する前の形です。

「街の市場を歩いていた貧しい男が、いきなり悲鳴を上げて倒れ込んだ。目の前の蒸しパン屋のオヤジが慌てて駆け寄ると、男は『蒸しパン恐怖症』なのだという。オヤジは『これは珍しい、あとあとの笑い話の種にしてやれ』といたずら心をおこし、物置小屋いっぱいに商売物の蒸しパンを敷き詰めると男を中に閉じ込めた……」

そう、これは古典落語『饅頭怖い』[※1]の原話です。江戸中期に輸入された中国の笑話集『笑府』[※2]の記述を現代風に訳してみました。この後は落語通りの展開になります。サゲ[※3]は原文で「此際只畏苦茶両碗」。「今度は苦い茶が二杯怖い」。一杯じゃなくて二杯なのは謎です。

この原話を基にして、町内の若い衆が集まる設定にしよう。蒸しパンは甘い饅頭にしたほうが面白い。怖い虫の話なんかの流れだといいかも。と、次第に変化が加えられてきたのです。

ここでは、噺の骨子はそのままに設定や言葉を修正してきた例として『饅頭怖い』を引用しました。落語は柔軟です。ところがその柔軟性を失う時代が到来するのです。

※1　滑稽噺の代表作の一つ。本書 98 ページで紹介。
※2　中国、明朝末期に馮夢龍が編纂した笑話集。
※3　「オチ」と同義。落語の終わらせ方を「〜でサゲる」ということがあります。ダジャレでサゲる「地口落ち」、噺の最後で全体が結びつく「とたん落ち」など、様々なサゲの種類があります。

半世紀ほど前、「古典は古典。軽々しい工夫はせずに『きちんと』演るのが正道だ」という考えが落語界では支配的でした。「きちんと」とは、明確な定義はありませんが、「雑味を交えずに古典落語を基本に忠実に演じる」といった意味合いでしょうか。落語が固定化していた時代の話です。

固定化の一因として、私を含めて一部の人間は、当時の技術開発が背景にあったと考えています。そのころ録音や録画のメディアが登場して、名人が亡くなってもその落語が消え去ることなくマスターピースとして後世まで残るようになりました。

最高に素晴らしいお手本を永遠に見習うことができる。その結果、「はるか後輩の若造ごときは、あの名演に近づく努力こそすれ、改変しようとは思い上がりも甚だしい。かつての名演を乗り越えるほどの実力を備えた名人だけが、そこに工夫を加える資格があるのだ」とばかりに、安易に手を加えることが許されない盤石の「完成形」が出来上がったのです。

また、知識人の一部から落語を上等な芸術として世に認知させようという力が働いていたのも、落語固定化の要因のひとつだと私は考えています。「落語とは、熟練の名人ならではの匠の技で磨き上げた描写力や人間味を心ゆくまで堪能するものだ」的な。芸術性に重きを置いて落語を評価する姿勢です。確かにその甲斐あって落語家の社会的な地位は向上しましたが、同時に落語の固定化も招いたのではないか。

一方その陰では、独自の分かりやすいギャグを詰め込んだ落語が大いに客席をわかせましたが、芸術性の薄い低俗な子供向けとして「ポンチ絵派」[※1]と蔑まれることもあったといいます。

そんな時代に一石を投じたのが、立川談志の著作『現代落語論』[※2]です。「落語は、『能』と同じ道をたどりそうなのは確かである」。もしも旧態依然を良しとして現代なりの工夫を放棄するなら、大衆芸能である落語は大衆とかけ離れてしまうだろう、と鋭く訴えたのです。これは、談志自身の師匠をふくめ、偉い先輩落語家のお歴々やその周囲の知識人先生たち、当時の落語ファン、そのほとんどすべてを敵に回すような、激しい主張です。

※1　風刺や寓意を込めた西欧風の滑稽な絵や漫画のこと。転じて、ビジネスの場では簡易の構想図などを指すこともあります。
※2　1965年、三一書房刊

「目先の工夫を古典落語に入れてはならない」とは、その時代の「常識」です。常識なんてものはすぐには変わりません。保守的な皆さんからの抵抗があります。また、本人自身も変えよう、工夫しようと思っても、自分の中の憧れや愛着が邪魔をして手を入れかねるという心理も働きます。抵抗勢力は我にあり。

その頃、高座でちょっと変わったことをしてウケて楽屋に戻ると、うるさ型の先輩から「ようよう。あんちゃん、今のアレは誰に教わったんだい？」とたしなめられるのは珍しくない光景でした。独自の工夫は許されないんだぞという圧力です。

私が入門した三十年前は、古典落語に工夫を施すのは談志門下、立川流の専売特許のように言われたものです。それも「ふふん。立川流だから仕方ないよなあ」と、けなす文脈で。私自身、面と向かって先輩の落語家から「おまえさんは『ぶっ壊し』だもんな」と言われたことがあります。クラッシャーです。どうもすいません。

『現代落語論』の出版の当時、談志の熱い訴えに刺激を受けた若者たちが落語の世界に身を投じて、はるか後にそれぞれの協会で重職に就いたという例は少なくありません。ゆっくりと、少しずつ「常識」が変わり始めました。

そして談志の著作から五十年の歳月を経て、今では若手の落語家でも古典落語に自前で作った新しいギャグを入れ、思い切ってサゲを変えることもよくあります。女性落語家が古典落語を女性目線で再構築してみせるなんて、こんな自由な落語界をその昔の誰が想像できたでしょう。

落語は、本来の柔軟さを取り戻したのです。

■新作落語の存在感

古い思い出話があります。

入門に際しての最終面接は、国立演芸場の地下にある小部屋でした。すぐ目の前に、ホンモノの立川談志。ガッチガチに緊張している私に、笑顔で談志が問いかけます。

「君は新作と古典、どっちをやりたい？」

直近の談志の著作『あなたも落語家になれる――現代落語論其二』[※1]の中に、「わが立川流では、古典落語は五十席、新作落語は二十席を覚えたら二つ目に昇進させる」とあったので心は決めていました。どう考えたって近道の新作落語です。「はい。新作をやってみようと……」という私のセリフをぶった斬るように言葉が返ってきました。

「ああ、新作？　新作をやる奴はね、バカ」

かつてはどこの団体でも、落語家は新作派か古典派かの色がはっきり分かれていました。「どんな古典も、出来たときは新作だったはずだ」と意欲的に創作落語を作る「新作派」と、じっくりみっちり腕を磨く「古典派」と。ひとりが新作落語と古典落語の両方ともやる二刀流は例外でした。

そんな例外として。実は古典落語どっぷりの談志も、少ないながらも新作に挑戦しています。『アル・カポネ伝』[※2]、『マリリン・モンロー伝』[※3]、『蜀山人《しょくさんじん》』[※4]。師

※１　1985年、三一書房刊
※２　1899～1947年。禁酒法の時代、シカゴを拠点に活動した世界的に有名なアメリカのギャング。
※３　1926～1962年。アメリカの女優。代表作に『紳士は金髪がお好き』『七年目の浮気』など。
※４　1749～1823年。江戸後期の文人、狂歌師。

匠宅で、原稿用紙に手書きした古い台本を見かけました。実際に高座に掛けたかは知りません。いずれも「〇〇伝」と伝記を語る、講談に近いネタだったのだろうと想像しています。

今は古典落語と新作落語のどちらも演る二刀流落語家は、圧倒的に増えました。

新作落語が基本で、新作のセンスを活かして古典落語も楽しく演じる。また逆に、基本は古典落語でいながら、誰かから新作を譲り受けて古典の技術で演じるとか。

近年の若い落語家を見ていると、基本がどちらということもなく古典も新作も自由に行き来しているようです。

私自身は古典新作の両方派です。前座の頃から新作落語も作っています。現代に時代を移した古典から、古典らしい時代設定の新作まで。私の場合はさらに、「古典の改作に名を借りた、実はほとんど新作落語」なんかもあるので、ちとややこしいのですが。

繰り返しますが落語は大衆芸能です。昔の誰かではなく、その時代ごとの今まさに目の前にいるお客さんを楽しませる気軽な娯楽です。日常の身の回りのものすべてが題材になります。

古典落語では、長屋の付き合い、ちょんまげの侍、刀、駕籠《かご》、荷売り商い、徒歩での旅など、江戸時代から戦前くらいまでの古い生活が描かれて、二十一世紀の今日に至ってもなお親しまれています。

そして落語が時代とともにある大衆芸能である以上、落語には新しい日常も加えられていくはず。そう、新作落語の出番です。

古典落語の世界には登場しない、現在の身近な事物を並べてみましょう。新作落語の守備範囲は、膨大です。

テレビ、ラジオ、映画、パソコン、電話、スマートフォン、インターネット、ユーチューバー、SNS、LINE。写真、監視カメラ、録音録画。選挙、デモ、ストライキ、世論調査。クリスマス、バレンタインデー。通勤ラッシュ、高速道路、自動車、鉄道、飛行機、バス、自転車、ドローン、クルーズ船、駅、空港。マンション、エスカレーター。電気、ガス、水道料金。ダム、原発。DNA、ワクチン、サプリメント。鳥インフルエンザ。デイケア、保険、定年、年金、人間ドック。クレジットカード、銀行口座。ジャズ喫茶、ロックバンド、フェス、小演劇、薄い本。大学、幼稚園、卒業式、受験、宿題、合宿、海外留学、運動会、奨学金。ペットショップ、ドッグラン、CーAOちゅ〜る。高校野球、Jリーグ、ヨガ、スキー、オリンピック。コンビニ、通信販売。自衛官。就活、マッチングアプリ、仮想通貨、株主総会。外国人難民、サウナ。アスファルト、コンクリート、電柱、高層ビル、横断歩道、点字ブロック。エアコン、電子レンジ。ナイフ、フォーク。生ビール、パン、ハンバーガー、ピザ、パスタ、ラーメン、焼き肉。プロ野球チップス、ショートケーキ、ソフトクリーム。革靴、スニーカー、水着、サングラス。ペットボトル、天気予報、町おこし、大気汚染、地球温暖化、宇宙旅行。ガリガリ君。ちいかわ。

どのワードひとつ取っても奥行きがあります。様々な角度から何席もの新作落語ができる。現代の日常生活に直結した楽しい落語が。

古典落語の世界とのあまりの隔たりに腰がくだけそうになりますが、ぜんぜん大丈夫。私は古典と新作どちらも扱う落語家が増えた現状を、ワクワクして見ています。

古典には古典の良さがあり、新作にもまた可能性が無限に広がっている。この先どこかでその二つのラインが予想もしない形で重なるのかもしれません。

現代の新作落語は続々と産み出され続けています。おーし、気合い入れて何か作ろう！

■マクラの登場

ビジネスの場などで「アイスブレイク」という言葉が使われます。初対面同士の緊張した空気を解きほぐすコミュニケーション術ですね。落語の現場でも当然のごとく生かされています。

落語会の客席には、出演する落語家にとって慣れ親しんだ親類一同が並んでいるわけではありません。赤の他人がずらっと並んでいる。そんな空間を楽しく盛り上げるには最初の「つかみ」が肝心です。

「ようこそのご来場で、ありがとうございます。いやぁ、色んな仕事があるもので。先日呼ばれた落語会は、主催者がのんきな方なんですね。ホントになんッにも準備していなくて。慌てて開演一時間前からですよ。とにかく手近なものをかき集めて間に合わせよう！　って頑張った結果。その日私が上がった高座は、古い犬小屋でした。わはははは」

現在、身近な面白エピソードなどを自由に語って最初に客を掴んでから落語に入るスタイルは、落語家の間では普通に見られます。いわゆる「マクラ」です。話の冒頭に添える、頭に添えるから「枕」。

そんな現在の、フリースタイルともいえるマクラは実は談志以降に広まったものなのです。

それまでは『饅頭怖い』には「えー、十人寄れば気は十色と申しまして」とか、『子ほめ』[※1]には「江戸っ子は五月の鯉の吹流し。口先ばかりではらわたは無し」など、この演目にはこれ、これにはこれ、とほぼ固定的な前置きや小噺をしゃべって落語に入るのが一般的でした。

そんな中に登場した若き日の談志は、寄席での落語ばかりでなく「スタンダップ」[※2]として洋服姿でステージに立って漫談を披露して、大いにウケました。キャバレー全盛の時代です。

それがラジオやテレビのフリートークに活かされ、さらに国会議員を経験し[※3]たこともあって、寄席の客も談志の政治漫談や社会批評を大いに聴きたがりました。現代的マクラの誕生です。

ところがこの「漫談」は談志以降に広まったと言いましたが、本人による発明ではありません。

※1　ご隠居に「お世辞の一つも言えないとダメだ」と叱られ、何かと褒めようとする男の滑稽噺。
※2　英語圏でコメディアンが一人で観客の前に立ちネタを披露する方法。スタンダップコメディ。
※3　立川談志は1971年に参議院議員選挙に出馬し、全国区で当選。1977年まで国会議員を務めました。

ひとりで客前に立って時事ネタや面白おかしい話をする「漫談」は、徳川夢声[※4]、大辻司郎[※5]らが人気を得て世に広まりました。昭和に入ってからのことです。ですから、その当時注目を集めた新しい話芸のスタイルに談志が挑戦し、さらに落語に組み込んだということです。まあ、前例がなくてもあの個性なら自力で発明していそうですが。

そんな流れでフリースタイルのマクラが新たに落語の世界に入って、だんだんと定着しました。長く続けていた談志の独演会「ひとり会」の録音を聴き比べると、当初の堅苦しさに比べて時代が下るほど自由度が広がっていくのが分かります。

あとマクラに関してもうひとつ。小劇場の芝居なんかで経験したことはありませんか？　開演してもしばらく客席が「これは笑っていい芝居なの？　笑っちゃダメ？　どっち？」って戸惑うやつ。あれは落ち着かないものです。そんな時、落語みたいなマクラがあればいいのにね、と思います。わはは。芝居に

※4　1894～1941年。漫談家、作家、俳優。日本の元祖マルチタレントとも言える人物。
※5　1896～1952年。「漫談」という言葉をつくり、自ら漫談家と名乗った、漫談家の草分け的存在。

マクラって変ですか。でも、昔はあったんですって。それも大昔。

古代ローマの喜劇では、本編の開演に先立って物語と無関係の人物が登場したといいます。観客に向かって語りかけるのは、上演中の諸注意など。「皆さんお静かに願います。こないだの客席なんか最悪でね。子供は泣き叫ぶ、婆さんは裸で駆け出すで滅茶苦茶。その時の役者、故郷《くに》に帰りましたわ。さあ今日は喜劇です。大いに笑ってくださいね」と軽く笑いを取りつつ客に心の準備をさせてお芝居のはじまりはじまり〜。

これ、マクラですよね。

■変わらないもの。「江戸の風」の正体

「富士と桜と米の飯」というフレーズは師匠談志がよく色紙に書いていたものので、私も大好きな言葉です。富士山、桜の花、白いごはん。日本人が無条件で好きなものです。

アメリカの紳士がポトマック川[※1]の桜並木を見て、「ワーオ、ビューリフォー」とかなんとか言ってるかもしれない。でも、我々日本人が咲き誇る桜を見上げる時、そこには目の前に広がる美しさばかりではなく、「貴様と俺とは同期の桜」とか「願わくは花のもとにて春死なん」だとか、具体的に思い出さないまでも私たちに沁み込んだ膨大なレイヤーを通して何かが迫ってきます。美しさに重なってそこはかとない悲しさやはかなさをまとったもろもろを含めて、何ともいえない感情が胸を満たしますよね。

富士山も私たちの心を大いに震わせます。富士山を目のあたりにして、その壮麗な姿に私はいくらでも涙を流せます。これがキリマンジャロではそうはいかない。富士山は単なる山ではなく、私の中に愛着や歴史の深い奥行きがあるのです。

そこで感じる、いや感じるように錯覚をするのかもしれない。とにかく心を震わせる何かがある。日本人にＤＮＡレベルでしみついた、私たちの中に大昔から伝わってきたモノ。ひと言でいうなら、「アイデンティティー」？　よそよそしい言葉ですね。では、「心のふるさと」？　炉端焼きか。ううむ。適切な言

※１　アメリカの首都ワシントンD.C.の中心部を流れる川。日米友好の証に日本から送られたソメイヨシノが植わっているそうです。

葉が見当たりません。

落語家は、三味線と太鼓とともに登場して和服姿で座布団に座ります。新作落語でも、そう。いくら時代が変わっても内容が現代でも、落語の形態が昔ながらの和風のフレームから外れないままでいるのは、そこに「富士と桜と米の飯」に通じる要素がきっとあるのだろうと私は考えています。

語る内容として江戸や明治期の話をよくするのも、実際に身を置いたことはない古い世界との「つながり」を感じることで心が安らぐ効果があるのではないか。落語や時代劇でふんわりとした温かみが立ちのぼるのは、現代劇では到達しえない日本人ならではの心の深層に触れているからではないか。仮説ではありますが、皆さんいかがでしょう?

落語を通して「昔むかしの知らない誰かと自分がどこかでつながっている」と感じる。また感じることによって聴く人の気分がふわっと楽になるとしたら、そこにこそ現代における落語の存在価値があるのではないか。

晩年の談志がこだわった「江戸の風」の正体もまた、そこにあるはずです。

【第二章】

談笑はこう変える！
～改作解説9選～

饅頭怖《まんじゅうこわ》い

饅頭を現代化すると厳選スイーツになる

数ある古典落語の中で、おそらく最も有名な噺でしょう。典型的な滑稽噺。楽屋では「まんこわ」の略称で通るくらい、今も頻繁に高座にかけられる人気の落語です。

二十分ほどの軽い落語で、前座がよくかける演目でもあります。にぎやかな雰囲気でなおかつ手堅くウケる。落語家にとっては嬉しい演目です。また同時に、時間調整がしやすいことも重宝される理由です。大人数がそれぞれに怖い虫のエピソードを披露する部分を、人数を少なくすれば時間を縮められるし、逆にたっぷり盛り込めば長くできます。上方落語ではあれこれをすべて盛り込むとなんと一時間近い大ネタになるとか。全部のせ、すごい！

～従来版『饅頭怖い』～

町内の若い衆が大勢集まっておしゃべりに興じている。しきりに盛り上がっている話題は、「ほんとうに怖い虫の話」。

「ここだけの話さ。俺、死ぬほど蛇が怖いんだよ」、「俺は蛙が怖いなあ」、「本当に怖いのはなんたって、なめくじだ」。

ひとりずつ順番に苦手な虫の名前を挙げていく。その虫を怖がる理由も、聞けば意外なエピソードが飛び出して楽しいものだ。一同は子供の頃に戻った気分になって、怖い虫の打ち明け話が続く。怖いのは毛虫、蟻、オケラ、ムカデ……。

ところが一人だけノリの悪い男がいた。仲間うちで一番の嫌われ者、清三だ。

「おう、清さん。お前の怖い虫は何だい？」

「なにを？　俺にはな、怖いものなんかねえや！　黙って聞いてりゃ何だ。人間は万物の霊長っててんだ。どいつもこいつも、たかだか虫ごときを怖がりやがって情けねえ」

「それでも誰にだって何かひとつくれえ怖い虫があるだろうって話だ」

「ねえよっ！」


それでもしつこく問い詰めてみると、実はひとつだけ怖いものがあるという。思い出すのも怖いから無理に虚勢を張って自分をだましていたというのだ。


「いいから言ってみな。お前の本当に怖いのは何だ？」

「饅頭」

「まんじゅう？　そんな虫いたか？」

「いや、食う饅頭だよ」

「食う饅頭って、甘くておいしい、あれのこと？　虫じゃないね」

「ああ、思い出しちまった。ほれ見ろ、冷汗が出て来た。震えが止まらねえ。もう今日は帰る」

「待て待て。そっちの部屋に布団敷いてやるからちょっと横になってろ」


この嫌われ者はいつも上から目線で、何かとみんなのことをバカにしている。あいつの意外な弱点が分かったのだ。日頃の仕返しにこの男を怖がらせてやろうと相談がまとまり、手分けをして大量の饅頭を買ってくることにした。

集まったのは、薄皮まんじゅう、そばまんじゅう、栗まんじゅう、温泉まんじゅう、腰高まんじゅう……。

買ってきた饅頭をお盆に山のようにのせ、寝ている男の枕元へ置いてそっとふすまを閉じる。これで準備完了。

そして、みんなでふすまの前に集まって、

「おーい清さん！　そろそろ起きたらどうだい」

目を覚ました清さん、叫び声をあげる。

「ぎゃあああ！　まんじゅうだあ！」

「どうだ、怖ぃか！」

「わあ、怖ぃよ。ひでぇことしやがる。怖ぃよ怖ぃよ。饅頭こわぃよ〜。こんな怖い饅頭は、こうしてやる（食べる）。怖ぃよ。わーん、こっちの饅頭も怖ぃよぉ（食べる）」

ふすまの隙間から中をのぞくと、なんと清さんが饅頭をパクパクと食べている。

「あらら？　あの野郎、『怖ぃ、怖ぃ』って言ぃながらうまそうに饅頭食ってやがる。やられた！　おぃおぃ、お前の本当に怖ぃものはぃったぃ何だ？」

「う〜ん。ここらで渋ぃ茶が一杯怖ぃ」

談笑版への改変ポイント!

饅頭は、この世で最もおいしい。

嫌いな人がいるなんて信じられない。

⬇

今は饅頭以外にも

おいしいものはいくらでもあります。

現代人が直感的に「食べた〜い」と思うような

老舗や名店の有名スイーツだらけにしました。

〜談笑版『饅頭とか怖い』〜

饅頭はもちろん、「甘くておいしい物は何でも怖い」という設定。


「買ってきたかい？　よーし、見せてごらんよ」

「まずは塩瀬総本家の志ほせ饅頭」

「うっはっは。いきなり宮内庁御用達だな。ほかには？」

「壺屋総本店の壺もなか、とらやの羊羹、榮太樓のきんつば、茂助だんご」

「いいねいいね。そっちは？」

「こっちはね、梅むらの豆かんと梅園の豆かん。うさぎやのどらやき、風月堂のゴーフル」

「いよいよ饅頭を離れてきたな。甘くてうまいなら何でもいいんだ。そっちは？」

「モロゾフのカスタードプリンに、パステルのなめらかプリン」

「プリンっ食いだね。江戸っ子だね。じゃそっちは」

「ゴディバの生チョコレート。ザ・グラン銀座のいちごのミルフィーユ。パティスリーキハチのいちごのズッパイングレーゼ」

「フレンチな野郎だな。うれしいなあ！　集まったね。ヤツを驚かせた後でみんなで食おうじゃねえか。楽しみだな。それじゃ持っていくぞ」


色とりどりのスイーツを大きなトレイにのせて、寝ている男の枕元へ置いてふすまを閉じる。

「おーい清さん！　そろそろ起きたらどうだい」


目を覚ました清さん、叫び声をあげる。

「ぎゃあああ！　まんじゅう～その他いろいろ甘くておいしいやつ～！」

「うわっはっは！　どうだ、怖いか！」

「わあ、怖いよぉ！　怖いよ怖いよ。志ほせ饅頭怖いよぉ。（手で割り）うわぁん、こしあん怖いよぉ。（口に入れ）んん〜、上品な甘さが怖いよぉ！　榮太樓のきんつばが怖い、茂助だんごも怖い。とらやの羊羹とゴーフルは、お土産で（懐に入れる）」

「何か様子がおかしいぞ。（ふすまの隙間をのぞいて）ああっ、あいつ食ってる。食ってるよ！」

「いちごのズッパイングレーゼが怖い、ミルフィーユが怖い、ゴディバが怖い」

「あらっ、ひと口ずつ食ってるよ。悪い野郎だなあ」

「うー、あとは食べきれないや。残りは奴らが食えねえようにこうしてやれ。ぺっ、ぺっ、ぺっぺっぺっ」

「わわ、わ。ひどい野郎だ！『怖い、怖い』って言ってみんな食っちまった。やられたよ！　おいおい、お前の本当に怖いものはいったい何だ？」

「うーん。ここらでスタバのキャラメルフラペチーノがダブルで怖い」

【おまけ】

私の改作はネタ帳には『饅頭とか怖い』と書かれています。

お客さんがその時に最も心を動かされる和洋のスイーツをずらりと並べたいのです。ところがスイーツの世界は流行の移り変わりが激しい。軽く振り返っても、カヌレ、エッグタルト、マカロン、クリスピー・クリーム・ドーナツ、チーズサンドクッキーなどなど。そこで定期的にデパ地下を巡回調査することにしています。

「ほう、こんなのが最近流行ってるのかな」「こっちはまだまだ人気だねえ」なんて。

どこもガラスケースの中は色とりどりで眺めるだけでも楽しい。そんな調査です。

長短《ちょうたん》

実際に身の回りにいそうな人物類型で無駄を楽しむ

いかにも落語らしい落語です。これといったテーマも内容もない滑稽噺。わはは。ふわふわとして時間の無駄使いでしかないような。案外、このあたりが落語の本質だったりして。私たちはついつい効率だとか生産性の視点からは無駄を排除したくなります。でも人生にとって「無駄」は無価値どころか、むしろいくらか必要なのかもしれません。無駄なだらだらを楽しむのも良いものです。

〜従来版『長短』〜

気の長い長さんと気の短い短七さんは、性格が真逆なのに仲がいい。


「ゆうべ、夜中にね」

「泥棒か！」

「泥棒じゃあ、ねえんだよ」

「火事か！」

「火事でも、ないんだ」


短七が饅頭を食えと勧めると、食べ始めた長さんはいつまでも口の中でくちゃくちゃやっている。

「口ん中でクソになっちまう」

見かねた短七さんは、こうやって食うんだと一つを丸飲みして、目を白黒させる。


長さんが煙管《キセル》でタバコを吸おうとしても、動作が遅すぎて何度も火が消えてしまう。短七がじれったくなり「こう吸うんだ」と勢いよく何服か吸って見せる。そのうちの一つの火玉がタバコ盆に入らずに袂《たもと》に入った。これを見た長さんが
「お前さんは人にものを教わるのは嫌いかい」

「嫌いだけどお前は別だよ」

「ホントに怒らないかい」

「ああ、怒らないから言ってくれ」

「二服目のタバコの火玉が、タバコ盆に入らずにね。左の袂にポーンと入った。おやおやぁ? と思って見てたら、もくもくと煙が出てきて。こりゃあ、ことによったら消したほうが……」

「ああ、ああ！　着物が焦げちゃった。何でもっと早く教えないんだ、この馬鹿野郎！」

「ほうらそんなに怒るじゃねえか。だから教えねえほうがよかった」

談笑版への改変ポイント!

気が長い長さんのしゃべりや動きが
スローモーションすぎて、
「そんなヤツはいない」と感じさせる。

↓

長さんの設定を変えました。
話も動作も特に遅くありませんが、
性格にクセがあります。
まず、話がまわりくどい。
また目先の興味につられて元の話がそれてしまう。
そしてそんな特性について全く自覚がない。
相手はとてもイライラする。

そんな人、いますよね。

〜談笑版『長短』〜

いつものように短七のところに長さんが遊びに来た。

「うふふふふ。今日は短七っつぁんに面白い話を聞かせようか。爆笑もの。いやぁ、笑った笑った。あのさ、日本橋におじさんがいるって話したことあるっけ。うふふ。おっかしいんだ、そのおじさんがさ……。あ、太ってるんだよ。甘いものが大好きなの。でも不思議なもんでさ、こしあんは好きなのに粒あんが苦手なの。あのほら、小豆の皮が歯に挟まるんだって。くーっつって。あとあの、とうもろこしのヒゲ。挟まるよなあ。エノキもつらい。鍋なんか食ってるとオイ！　なんて歯に挟まっちゃってな。だいたい、鍋っていろいろ入れるじゃない。いろんな出汁がでて最後に雑炊にしたりな。でもあの雑炊ってのは、どうもベチャッとして好きじゃないのよ。俺はうどんで〆たい男だから。うどんっていえば短七っつぁんは、讃岐がいい？　稲庭？　……ん？」

「おじさんの話だろ」

「あー、そう日本橋のおじさん。こんなに太って膝に水がたまっちゃったってさ。こーんな太っとい針刺して水を抜くのね、膝から。言ってたよ、『身体が重すぎると膝に来るんだ』って。だから、相撲なんか見ててもそうだよね。みんな膝悪くなっちゃうだろ。今の力士はみんなそう。身体を大きくしすぎるんだよな。それでも、目の前のこの一番に勝つ！　相撲は勝負の世界だから。身体もそうだけど心が強くなくっちゃ。結局、心技体で一番大事なのは、心。こころ、ね。今場所、誰が優勝すると思う？」

「日本橋の、おじさん」

「あ。あー、そかそか。日本橋のおじさんだ。こぉんな太ってんの。だけど親子なのに娘はぜんぜん太ってないんだよ。俺のいとこね。もう嫁に行ったんだけど、まだ子供のころ。井戸に落ちてさ。ドーン！って。慌てて引き上げたんだけど水たらふく飲んで息してねぇんだ。俺もそこにいたからね。みんなで慌てて泣きながら水吐かせて、ようやく目を開けたときのことは忘れられないなあ。そういうことって、あるよね……」

「ちょっとごめん。その話の、どこが面白いんだ？」

「面白いわけねえじゃねえか！　井戸に落ちて人ひとり死にかけたんだぞ馬鹿野郎」


その後、長さんが煙管を出してタバコを吸おうとしても、話に夢中になって何度も火が消えてしまう。短七がじれったくなり「こう吸うんだ」と勢いよく何服か吸って見せる。


「ぷは〜っ！　こうやって吸うんだ。くそう、タバコやめてたのに！」

「短七っつぁん、袂、袂、袂。左の袂！」

「なぁにが『左の袂』だ。だいたいおまえは話がまだるっこしいんだよ」

「いや、大事な話！」

「なぁにが『左の袂で大事な話』だ。その話がどうなる。聞かされるこっちの身にもなってみろ。おめえの話はな、いつもいつも左の袂が右の袖の話になって、襟首からかかとの話になって、しまいにゃどこかの娘が井戸にはまるんだ」

「いま短七っつぁんタバコ吸ったろ？　煙管でもって煙草盆の縁《へり》にポーンと勢いよく叩いた」

「いいじゃねえかいくら叩いたって俺の煙草盆だ。誰に文句を言われるもんじゃねえ」

「その時の火玉がポーンと飛んで……」

「黙れ黙れ！　シーッ。ほら、何かキナ臭くねえか。焦げくせぇぞ」

「だからその火玉が左の袂に入った」

「あーあー、あー！　（袂を手で叩いて）焦げて穴が開いちまった。最初から言えよコノヤロー！」

「最初から言ってるだろ。大事な話だからって」

「大事な話なら俺を押しのけてでも早く言えっての」

「分かった分かった。じゃあ押しのけよう。今から話すからよく聞いておくれよ」

「まだ何かあるのか？」

「その火が燃え移って、いま後ろのふすまがメラメラと炎を上げてる」

「あーあーあー！」

【おまけ】

途中のだらだらした部分はその場のノリで自由に演っています。話がどこに向かうか分からない長さんに、私自身が振り回されるのも楽しい一席です。

壺算《つぼざん》

古典落語の時代設定を、現代に切り替える

巧みなトリックで店主を翻弄して水瓶《みずがめ》を安い値段で買う、滑稽噺です。

似た趣向の落語に、「ひぃ、ふぅ、みぃ、よぉ、今なんどきだい?」で時間を尋ねて店主の気を逸らし、代金をごまかすくだりが有名な『時そば』もありますが、あちらは被害額たったの一文、現在の二十円ほどと小銭でかわいいものです。ところがこちらは高額で、ずいぶん性質《たち》が悪い。

上方落語版と江戸落語版、設定も江戸時代と明治以降、と各種バリエーションがあります。また、主なサゲだけでも数パターンあって、古典には珍しい広がりを見せています。

〜従来版『壺算』〜

なんとも頼りない亭主、今日は女房から「二荷《にか》入りの水瓶を買っておいで」と言いつかってきた。

「いいかい。あんたは買い物が下手なんだから、ひとりで行っちゃダメだよ。あのお兄さんについて来てもらいな。あのお兄さんときたら頭が切れるし口はうまい。買い物上手なんだから」

兄貴分を訪ねると買い物を快く引き受けてくれた。二人が向かったのは瀬戸物屋街。

「余計なことは言うなよ。とにかく俺に任せておけ」

店主「いらっしゃい。水瓶をお探しですか」
兄貴分「うん。一荷《いっか》入りの水瓶が欲しいんだ」
店「はい。一荷入りですね。三円五十銭、頂戴いたします」
兄「そこをなんとか、三円にまけてくれないか」
店「いえ、それは無理というもので……」

店主は渋るが、兄貴分はゆずらない。「今後瀬戸物はこの店でしか買わないから」「友だちみんなに宣伝するから」と粘りに粘り、とうとう一荷入り三円五十銭の水瓶を三円に値切ることに成功する。

金を払い天秤棒で水瓶を担ぐと、二人は店を出た。

弟分「兄貴、買いたいのは二荷入りの水瓶だよ。一荷入りじゃ小さすぎる」
兄貴分「任せておけって。ちゃんと二荷入りにしてやるから。じゃ、店に戻るぞ」

たったいま出て来たばかりの店に戻ってきた。

店「おや、何かお忘れ物で？」
兄「いやいや、すまねえ。うっかりしてた。買いたかったのは二荷入りの水瓶だったんだ。取り替えてもらいてえ」

水瓶は大きさが倍になると価格も倍。一荷入りは三円五十銭だから、二荷入りは倍の七円が定価になる。それでも兄貴分は、「さっき一荷入りを三円に値切ったのだからこちらも六円にしろ」と迫る。店主はしぶしぶ六円で納得した。

兄「すまねえな。あと、要らなくなったこの一荷入りの水瓶、引き取ってもらえるかな」
店「ええ、もちろんお売りした三円でお引き取りしますよ」
兄「ありがとう。えーと、さっき買ったときに三円渡したね」

店「はい。こちらに三円ございます」
兄「で、その三円に、一荷入りの水瓶を三円で引き取ってもらって、合わせて六円ね」
店「はい、たしかに」
兄「じゃ、この二荷入りをもらっていくよ」
店「ありがとうございます」

二人は二荷入りの水瓶を担いで帰ろうとする。ところが手元に三円しかないことに気づいた店主が二人を呼び止める。

店「あ！　ちょ、ちょ、ちょっと戻って下さい。私、お代を間違っていたようです」
兄「あらら。そりゃ大変だ」
店「おそれいります。もう一度勘定し直しますので」

兄「いいよ、やってくれ。だからきみが最初に受け取ったのが、三円だね。で？　引き取った水瓶が、三円だね。三円と三円、合わせて？」

店「六円です。……あれっ？　もう一回計算します」

何度計算しても答えは同じ。三円足す三円は、やっぱり六円。算盤を取り出して慎重に計算しても、六円を受け取ったことになっている。それなのに、手元には三円しかない。どうして？

混乱したあげく店主が、

「すみません。どうにもややこしいんで、この一荷入りの水瓶も持って帰って下さい」

談笑版への改変ポイント!

今では水瓶を安く買いたい人は、
あまり世間にいない。

従来のストーリーは活かしつつ、
時代設定を現代に。
水瓶をテレビに変えました。

昔は生活用品の水瓶は、どの家庭にも一つずつありました。だから、お客さんも「もし自分もこの通りにやったら本当に水瓶を安く買えるかな？　無理だよな。でもひょっとして……」と、いくらか悪い誘惑にかられながら聴いたのかもしれません。

でも、今では水瓶を安く買いたい人は、あまり世間にいませんよね。

当時の「もし自分もやったとしたら……」のドキドキを実感できるものがないものか？

そして「**どこの家庭にも一台あって、大きくなるほど値段が高くなるもの**」を見つけました。

テレビです。

〜談笑版『テレビ算』〜

わずか十万円の予算で60型の４Ｋフルハイビジョンテレビを買いたいという無謀な男。

ずる賢くて口の上手な兄貴分に頼みこんで買い物に付いてきてもらった。軽トラに乗せられて着いたのは秋葉原電気街。

「新宿あたりの大型量販店だと、近ごろは値引きの交渉すらできない。この街なら大丈夫」

あちこちを下見して回り、狙いを定めたのは街外れの小さな個人商店。

店頭に置かれた60型のテレビには二十九万八千円と値札がついている。十万円では買えるはずがない。

「おまえはとにかく黙ってろ。俺に任せとけ」

兄貴分はまず、小さな27型テレビ定価九万九千八百円の値引き交渉から取りかかる。

大学の学生課勤務だと嘘をついて、「地方から出てくる新入生に、良い電気屋さんを紹介してくれといつも頼まれる」「そんな新入生は毎年数百人」と将来の利益をちらつかせながら、「在庫を現金化できないと損になる」「新製品が出るとすぐに古い型は値崩れだ」と個人商店の弱みを刺激する。

まんまと動揺した店主が提示したのは、定価のほぼ半額五万円。してやったりと兄貴分は五万円を支払って領収証を受け取り、27型テレビを抱えて二人は店を出た。

ところがすぐに二人は店に戻ってきて、兄貴分は「サイズを間違えた。大きな42型が買いたい」と店主に告げる。

弟分「兄貴、まだ小さいよ」
兄貴分「安心しろ。これが少しずつ大きくなるんだから」
店主「42型ですと十四万八千円になりますが、先ほどみたいな値引きはご勘弁を」
兄貴分「いいよ。今度はこっちが負けよう」
店「お客様が『負ける』？」
兄「今度はこっちが上乗せして十五万で買うよ。お互い様。長い付き合いになるんだから」
店「感激です！　ありがとうございます！」
兄「で、相談なんだ。良かったらさっき買った小さいテレビ、いくらかで引き取ってくれるかな？」
店「もちろんですよ。売値の五万円で」
兄「悪いね。じゃあ、さっき払った五万円はそこにあるね。それに現金五万円を足して十万。そして、この27型を五万円で引き取ってもらって十五万円ね」
店「はい」
兄「じゃ、追加で払った十万円の額面で領収書ちょうだい」
店「はい。……お待たせいたしました」
42型を抱えて帰ろうとする二人を呼び止める店主、
店「ちょ、ちょっと待って下さい！　お会計が合わないんです」
兄「そりゃ大変だ。どうした？」
店「お持ちになった42型は、十五万円するんです。手元の現金はさっきの五万円と今の五万円、十万円しかないんです。五万円足りないんです」
兄「ほらほら。そこの下取りした小さいテレビ。あれ五万円で引き取ってくれたんだよね」

店「あ！　あー失礼しました。そうでしたね。これが五万円でした」
兄「じゃ、これで帰っていいね」
店「はい。……うー」
兄「どうしたの？　小さいテレビを見つめちゃって」
店「いえ、頭では分かっているんです！　ただこのテレビが、私の物のような私の物でないような、あやふやな存在なんです」
兄「しっかりしてくれよ。これはテレビの形してるけど、売れば現金五万円でしょ？　ああ、じゃ分かった！　今から俺がそのテレビを持ってそこらの店に行って、『五万円でお願いします』って買い取ってもらってくるよ。そして現金の五万円の形にして、そこの十万円と合わせて、『はいこれで合計十五万円ですね、現金がありますね。良かった良かった』ってやらないとダメなのかな。君はそういう、手間のかかる経営者さんなのかな？」

窮地に追い込まれ泣き顔だった店主は、混乱の中から急に顔を輝かせた。
店「あー？　そういうことか」
兄「どうかしたか？」
店「あっはっはー！　あなたがやっている、これは詐欺です。とうとう判りましたよこのトリックが！　私の先祖はね、昔からここで瀬戸物屋をやっていて水瓶とか売ってたんですよ。あなたみたいな人が来ては何度も何度も騙されてきたんです。今度こそ、その手は食いませんよ。遂に店側が勝利を収める日が来ましたよ！　歴史的勝利の瞬間ですよ」
兄「ど、どういうことだい？」
店「最初に頂いた五万円と小さいテレビが『イコール』なんです！　そこを清算しないまま、上乗せ上乗せで計算を重ねるからどんどん話が分かんなくなっちゃうんです」
兄「それで？」

店「このテレビを引き取る時に代金の五万円をお返ししておけば、何も問題はなかったんです。じゃ、お返ししますよー。受け取って下さい」
兄「うん。五万円もらった」
店「ですよね！　で！　で？　そっちはどうなりました？」
兄「大きいテレビと、現金五万円」
店「あれっ？　あ、ちょっと待って下さい。いま私、とてもやっちゃいけないことをしてしまった気がするんです。すみません。今のやりとり、なかったことにしてくれませんか？」
兄「いいとも。では小さいほうのテレビの代金。五万円をお返ししますよ」
店「はい、確かに頂戴しました」
兄「おっと、その小さいテレビを返してくれなくちゃ」
店「あそっか。これは失礼しました。どうぞ……。で、どうなりました？
　こっちは、現金十万円。そっちは？」
兄「テレビが二台になっちゃった。俺たちこれで帰っていいのかな？」

店「いや！　ちょっと！　ちょーっと待って下さい……！」
兄「分かった分かった。もうこうなったら一旦ぜんぶ清算しよう。つまり、最初に俺たちがこの店に入ってきた、あの時の状態に戻そうじゃないか」
店「（涙ぐみながら）はい、お願いします。あの頃の安らかな時間に戻して下さい」
兄「それじゃ清算しよう。まずは、こっちの二台のテレビを現金に戻してもらおうか」
店「はい。えーと、おいくらでしたっけ？」
兄「五万円と十五万円で、合わせて二十万円だ」
店「に、二十万？」
兄「大丈夫。二十万円ぶんのテレビが二台そっちに行くんだ。清算だから」
店「ですよね。清算ですからね（と現金に手をのばす）」
兄「だだ、だ、ダメダメ！　そっちの俺が払った十万円に手を付けちゃダメ！　また分からなくなっちゃうから。それはそのまま！」

店「じゃ、二十万はどこから？」
兄「レジから出しなさいよ、レジから」

店主が二十万円を出して、兄貴分に渡す。兄貴分はテレビ二台を、店主に返却する。

兄「うん。これでいいよね？　レジのお金が少なくなったのは？」
店「テレビに形が変わっただけです」
兄「よーし、分かってきたね。おっと、ごめん。きみが丁寧に書いてくれた領収証を返さなくちゃ。領収証を二枚お返しします」
店「わざわざおそれいります」
兄「ほらほら、俺の十万円もこっちに返して」
店「あっ、失礼しました（十万円をわたす）」
兄「うん、これでいいかな？　ね、清算できたかな？」

店「はい。はい……あっ！　だ、大丈夫です。先ほどぽっかりと開いた心の穴が、少し大きくなった気がするだけです」
兄「そう！　じゃ、最初に店に入ってきたところからやるよ」
店「お願いします」
兄「ごめんよ」
店「いらっしゃいませー」
兄「４Ｋフルハイビジョンのテレビが欲しいんだ。予算は、三十万！」
店「三十万？　あっはっは。お勧めの60型があるんですよ……」

【おまけ】

聴き手の感情としては、初めのうちは「安い買い物ができたらいいな」と客目線なのが、いつの間にか「店主、がんばれ！」と応援してしまうような。感情が逆向きに変わる仕掛けもまたトリッキーな噺といえます。

文章にして読んでみると改めて分かります。兄貴分は悪いヤツですねえ！

水瓶をテレビに変えて改作したのが今から約二十年前。液晶やプラズマのテレビが登場したばかりでみんなが欲しがっていた時代です。当時の演題は『薄型テレビ算』。1インチあたり一万円が相場でした。

その後テレビの価格が下がるのに合わせて、これまで何度かこの落語の買い物も調整してきました。金額を変更すると私が混乱しそうなので、テレビのサイズを大きくしています。

高座にかける日は必ず価格ドットコムで実勢価格をチェックするという、珍しい噺です。

従来よりもトリックがややこしくなったのは、偶然の産物です。初演のとき、最初に支払う金額を間違って安く言ってしまったのです。演りながら気が付いて、「うわっ、このままだと五万円使わずじまいになる。マズいぞ」と、夢中になってアドリブで修復しようとした結果、複雑さが増したというわけです。

【おまけのおまけ】

従来の『壺算』では、水瓶の大きさを表す言葉「一荷、二荷」が登場します。「荷」とは昔の、重さを表す単位です。天秤棒でヨイショッと前と後ろの桶いっぱいに担ぐ重さが、一荷。今の六十キロです。ですから一荷入りの水瓶は六十リットル、二荷入りは百二十リットル入り。調べてみると、さほどでもありません。

現代の独り暮らし用のバスタブ、小さめでも二百リットルは入る。厚生労働省によると、家庭内でひとりが一日あたり使用する水は二百三十リットルですって。えー、そんなに使ってましたっけ？　ううむ。こんな、数値とイメージとが結びつかない私みたいなのは悪い客に騙されちゃうんですよ。

金《きん》明《めい》竹《ちく》

完全に理解しあえるコミュニケーションは、幻想である

与太郎が主役の滑稽噺です。『錦明竹』と表記することもあります。古くは前半と後半で別個の演目だったのが明治になって合成されたといいます。

寄席や落語会では、最初に「開口一番」として前座が高座に上がって一席語ります。前座が掛ける演目は基本的に限られていて、前座噺と称されます。これもそのひとつ。

とはいえ二つ目や真打ちももちろん掛けることがあります。その日のトリが前座噺で客を大満足させて帰す、なんて私は好きですねえ。

〜従来版『金明竹』〜

与太郎は叔父さん夫婦が経営する骨董屋を手伝っているが、いつも叔父さんを怒らせてばかりいる。

今日は店の前をほうきで掃除してほこりだらけにしてしまった。「掃除の前には水をまけ」と叔父さんに叱られると、今度は室内の掃除で座敷を水びたしにする。「もう掃除はいいから、店番でもしておくれ」

店番をはじめた与太郎は、急な雨に困っている通行人を見つけて高価な傘を貸してあげた。通行人は喜んで立ち去ったが、叔父さんはちっとも喜ばない。「貸したがさいご、まず返ってこないのが傘だ。これからは『ぜひ貸して下さい』なんて言われても丁重にお断りしておくれ」と雨傘を断る口上を教わった。

そこに近所の番頭さんがやってきて、「ネズミ退治のためにお宅の猫を貸してほしい」。

与太郎は傘の口上を使って断る。

「ウチにも貸し猫はずいぶんありました。でも、このあいだの長雨のせいでみんなバラバラになっちゃった。骨はバラバラ、皮は破れるしどうにもならない。バラバラで良ければ持っていく？」

番頭さんは驚いて帰っていった。

この話を聞いてあきれる叔父さんに、与太郎は無理をいって猫を断る口上を考えてもらった。これでもう安心だ。


今度は同業者からの使いが来た。

「珍しい骨董品を鑑定するために、ちょっとだけご主人様をお借りしたい」

与太郎は待ってましたとばかりに、猫の口上で丁寧にお断りをする。

「残念ながら旦那はちょうど今サカリがついてましてすっかり家には寄りつきま

せん。たまに帰って来たと思ったら、どこかで海老の尻尾でも拾って食べたんでしょう、お腹を下してピーピー垂れ流しです。今はマタタビをなめさせておとなしく座敷で寝かしつけてあります。では起こして連れてきましょう」

使いはびっくりして「改めてお見舞いにうかがいます」と帰っていった。

与太郎からやりとりを聞かされた叔父さん、大慌てで使いの後を追いかけていく。

与太郎がひとりで店番をしていると、不思議な言葉をあやつる客が訪ねて来た。生まれて初めて関西弁を耳にする与太郎には、何を言ってるのかさっぱり理解できない。

「わてナ、中橋の加賀屋佐吉から参じました。先度《せんど》、仲買いの弥市《やいち》が取り次ぎました道具七品のうち、祐乗《ゆうじょう》光乗《こうじょう》宗乗《そうじょう》、三作の三所物《みところもん》。ならびに備前長船《びぜんおさふね》の則光《のりみつ》、四分一《しぶいち》ごしらえ横谷《よこや》宗珉《そうみん》小柄《こづか》付きの脇差《わきざし》、あの柄前《つかまえ》は旦那はんは古たがやと言やはったが、ありゃ埋《うも》れ木やそうで、木ぃが違《ちご》うとりますさかい、念のためお断り申します。

次は、のんこの茶碗。黄檗山金明竹《おうばくさんきんめいちく》ずんど切りの花活《はないけ》。古池や蛙とびこむ水の音と申します、ありゃ、風羅坊正筆《ふうらぼうしょうひつ》の掛け物やさかいナ。あとは沢庵《たくあん》・木庵《もくあん》・隠《いん》元禅師《げんぜんじ》貼りまぜの小屏風《こびょうぶ》、あの屏風はなぁ、わての旦那の檀那寺が兵庫におましてナ、兵庫の坊主の好みます屏風じゃによって、表具屋にやって兵庫の坊主の屏風になりますよってと。さよう、お言伝《ことづ》けを願います」

早口でまくし立てる関西弁では何度聞かされても与太郎には解らない。奥から叔母さんを呼び出して二人がかりで聞いてみたが、繰り返されてもよく解らない。同じことを言わされ続けた使いの男、とうとう逃げるように帰ってしまった。

そこに叔父さんが戻ってきた。

「与太郎に任せずおまえが応対してくれたなら安心だ」と、叔母さんがお使いからの伝言をなんとか思い出しながら話をするが埒があかない。

「中橋の加賀屋佐吉さんの仲買の弥一さんとおっしゃる人が、気が違ったそうです。それで、遊女を買ったんです。それが孝女で、掃除が好きで……それで、千艘《ぞ》や万艘とか言って遊んでて、それで寸胴切りにしちゃった。タクアンにインゲンマメばかり食べてて、何を言っても、のんこのシャー……それで、あの……備前の国に親船で行こうと思ったら、兵庫に着いてしまったんです。兵庫にはお寺があって、そこにお坊さんがいるんですが後ろに屏風が立ってて、その屏風の後ろにまたお坊さんがいるんです。これって何でしょう」

「分からないなあ」

「そう、古池へ飛びこんだんです」

「弥一が、古池に飛び込んだ？　あの人には、道具七品の手付金を預けてあるんだが、買ってかなあ？」

「いいえ、買わず（蛙）でございます」

談笑版への改変ポイント！

昔と違って、今は関西弁は
まったく分からないどころか全国で通用する。
わざと分かりにくくするために早口にするような演出は、
このネタ本来の愉しさから遠ざかる気がします。

ゆっくりしゃべってもほとんど理解できない
津軽弁にしました。

〜談笑版『金明竹』〜

（後半から）

叔父さんが出かけた後。与太郎がひとりで店番をしているところに、見たことのないおじさんが入ってきた。

「おばんです。あの、旦那さん、いでら？　旦那さぁ、いでらがねえ？」

「ああ、旦那？　叔父さんなら、いないよ。留守だよ」

「留守ナあ？　へば（それなら）、こどぢげ（言付け）頼まれでもらえるがね？こんどぢぃげえ（言付け）」

「『ことづけ』？　うはは。そこだけなんとか聞き取れたね。言付けなら頼まれるよ。なぁに？」

「わぁ（私は）なかばす（中橋）の、かんがやさづづ（加賀谷佐吉）がた（方）からつた（来た）のぁ。これんだぁ（このあいだ）仲買いのやいつ（弥一）さあんじげだ（預けた）どんぐぅななすな（道具七品）のうつぃ（うち）、ゆんじょこんじょそんじょ（祐乗光乗宗乗）、さんさぐ（三作）のみどころぁものぁ（三所物）。それがらぶずんおっさふねぁ（備前長船）のぁのんりみづ（則光）、すんぶいつ（四分一）ごすれ（こしらえ）よごやそんむん（横谷宗珉）こんづかづつ（小柄付き）のわっつざす（脇差）。あのつかめぇ（柄前）ね。旦那さぁふんるたんがや（古たがや）だぁ鉄刀木（たんがやさぁ）だあとさんべってらったけど（言ってたが）、ありはうんもれづってらはんで（埋れ木だそうで）、つぅがつがって（木が違って）らんでよぐ言わねばまいねよ。

あどは、のんこのつぁわん（茶碗）。おんばくさんつんめいつく（黄檗山金明竹）ずんどうずり（切り）のはないげ（花活）。ふんるいげ（古池）やぁかんわづ（蛙）とびこむ水の音って、あれはふんらぼしょしつ（風羅坊正筆）のかげものぁ（掛け物）だはんでのぁ。あどはたぐあん・もぐあん・いんぐんずんず（沢庵・木庵・隠元禅師）貼んりまぜのこんびょんぶ（小屏風）、あのびょんぶ（屏風）はさ、わどごの旦那の檀那寺がひょんご（兵庫）サあってさ。ひょんごのぼんず（兵庫の坊主）の好きだびょんぶ（屏風）だはんで、ひょんぐや（表具屋）さ出すてひょんごのぼんず（兵庫の坊主）のびょんぶ（屏風）サするはんで。って、そんなふうにさんべってた（喋ってた）こんどづけ（言伝け）すてけろ」

何を言ってるのか解らなすぎて面白くなってしまった与太郎、奥の叔母さんに声をかける。

「叔母さーん叔母さーん！　早く来て、早く！　よくしゃべる外国人が来た」

「わいわいわい（おやおや）、なんぼがわがらねわんらはんどだでばのぁ（どれだけ分からない子なんだろう）」

「失礼しました。この子はちょっと分からない子でして。お話は私が承ります」

「おお。な、かっちゃな（貴方が奥様ですか）？　かっちゃだびょん（奥様ですよね）」

「……びょん？」

　また口上が始まるが、何度繰り返されてもさっぱり解らない。

「つぃ（木）がつがってらのよぁ（違ってるんですよ）」

「はあ、『つ』が？」

「いや、『つ』んでねぐで、『木（つぃ）』」

「ああ、『ち』が？」

「『ち』んでなぐで、『木（つぃ）』。あららー、わがらねがなぁ？　ほれほれ、『あ、い、う、い、お！　かん、づぅ、つぅ、つぇ、こぉ』」

　解りやすくゆっくり話をしてくれるが、それはそれで全く解らない。聴き取れない。

「わがらねば（解らなければ）、みんもっこサすれ（メモをして下さい）。みんもっこサしねがって（メモしましょうよ）」

紙と筆を出して、叔母さんは言付けを書きとめようと苦闘するが、

「あの、ひらがながないんです」


「そんなふに（そのように）さんべでだって（話していたと）こどづげすてけろ（お伝え下さい）。へばのぁ（それでは）」

同じことを言わされ続けて使いの男、とうとう逃げるように帰ってしまった。


使いの男が帰った後に、叔父さんが戻ってきた。なぜか泣き崩れている女房から、なぞの来客のことを伝えられて、

「与太郎に任せずおまえが応対してくれたか。それなら安心だ。お客様はどちらからのお客様だい？」

「あっち」

「お名前は？」

「ビョンさん」

北のほうの言葉ならばゆっくりと話をしておくれと言われ、叔母さんはまるで聴き取れなかった不思議な言葉を懸命につなぎ合わせて話を始める。

「中橋の加賀屋佐吉さんの所の、仲買の弥一さん。弥一さんの、気が違ったそうです。それで、遊女を買ったんです。美人で、根性があって、そんじょそこいらにいないんです。で、よく調べたらその正体は、キム・ヨンジャなんです。たくあんとキムチとインゲン豆が大好きで、小鹿を捕まえて焼き肉にしようとするんです。ところが捕まらないんです。仕方がないので小鹿と遊女と一緒にして、寸胴切りに。それから弥一さんは捕まっちゃいけないと親船に乗って逃げました。どこまでもどこまでも……」

「これこれ待ちなさい。分からない話をつなぎ合わせるから余計に分からなくなる。一か所でもいい。はっきりした所はないかい？　手掛かりにするから」

「そう、古池に飛びこみました！」

「弥一が！　古池に！　ああ大変なことになった。あの人には道具七品というたいへんに高価なものの手付け金をうってある。あれ、買って飛び込んだかなあ？」

「いいえ、買わず（蛙）飛び込みました」

【おまけ】

前座時代に作った改作です。親が青森県出身なので、幼いころから津軽弁に触れる機会がありました。東北の、特に北に行けば行くほどウケる噺です。

中橋の加賀屋佐吉店に依頼していた道具七品を整理します。とびきり高価な品々です。

備前長船・則光の刀身。
祐乗光乗宗乗三作の三所物。
横谷宗珉四分一拵え小柄付きの脇差。
のんこうの茶碗。
金明竹の寸胴の花活け。
風羅坊正筆（松尾芭蕉直筆）の掛物。
沢庵木庵隠元禅師はりまぜの小屏風。

文《ぶん》七《しち》元結《もっとい》

新しい登場人物を加えて、古典の名作を補強する

数ある落語の中で、面白おかしいのが滑稽噺です。これに対して人間ドラマを中心に語るのが人情噺。これはその代表格です。

『文七元結』の文七とは登場する若者の名前で、元結《もっとい》は髷《まげ》の根元を縛る紙製の細ひもです。

～従来版『文七元結』～

腕のいい左官職人の長兵衛は、近ごろは仕事そっちのけで博打にのめり込んで、道具箱まで質入れしてしまった。

年の瀬の夜。博打で身ぐるみはがされて家に帰ると、女房から「娘のおひさが行方知れずだ」と聞かされる。夫婦が言い争っているところにやってきたのは、吉原の妓楼「佐野槌《さのづち》」からの使いだった。

「おひさちゃんならウチに来てますよ」

女房から取り上げた赤い長じゅばん一枚を羽織って、長兵衛は夜道を吉原へ。妓楼では女将とおひさが待ち構えていた。長兵衛は女将からこんこんと諭される。おひさがここにいるのは、父親の借金を返すため自らを遊郭に売るつもりだったのだ。愛娘の苦悩を突き付けられて、長兵衛はようやく目を覚ました。

「来年の大晦日までに返済すれば、客を取らせない」という格別の温情付きで佐野槌の女将から五十両という大金を借り受けた。

これでまた左官職に戻れる。来年末までに金を返す見込みは十分にある。これからは真っ当な暮らしをしよう。


夜更けの帰り道、吾妻橋の上で見かけたのは身投げしようとする若者。長兵衛は慌てて止めた。聞けば、「客から預かった売掛金を盗られた。この上は命をもって償うしかない」と。盗まれたのは、五十両。

「とにかく死ぬな」

「いえ、死なきゃなりません」

押し問答の末、長兵衛親方は若者に五十両を叩きつけて立ち去ってしまう。

五十両を懐に若者が店に帰ると、盗まれたはずの五十両が届いていた。囲碁に夢中になって、大事な金を取引先に置き忘れていたのだ。主人が驚いて問いただす。

「おい、文七。これほどの大金、どこから持ってきた。……もらった？ 誰に」

「分かりません」

「さあ大変だ。何か手がかりはないか」

「たしか、娘さんが今晩吉原のサノヅチという店に身売りをしたとか……」


あくる朝。長兵衛親方の家では夜通しの夫婦喧嘩が続いていた。

「だから本当に若い男にくれてやったんだって」

「うそつけ！ 博打ですっちゃったんだろ」

そこへやってきたのは、小間物問屋の主人近江屋善兵衛と文七。

「昨夜の五十両をお返しに上がりました。お蔭で若い命が助かりました」

さらに長兵衛の心意気に感動した近江屋はおひさを身請けまでしてくれた。親子三人が抱き合って泣いた。

これが縁で文七とおひさが結ばれます。店を構えて元結を売り出したところ、これが江戸中の大評判になったという、文七元結というお話でございます。

【従来版では不自然に感じた各ポイントの動機】

長兵衛が博打におぼれた理由がない。

↓

かわいい我が子を追い詰めて死なせた
自責の念から自暴自棄になっています。

文七は大金を盗まれたお詫びに死のうとする。

↓

間抜けな自分のせいで、大好きな主人の名誉に
これ以上傷をつけたくないからという理由に。

長兵衛が文七に大金を渡す理由が見えない。

↓

文七の姿に、亡くした息子が重なったから。

談笑版への改変ポイント!

最大の難関は、橋の上で長兵衛が
文七に金を与える上での動機付け。
「自分だけならともかく、かわいい娘を不幸にしてまで
他人を助けるだろうか？」

長兵衛の息子でおひさの兄「長吉」を登場させて
背景を補強しました。

自殺の現場に居合わせたら何が何でも止めたいのは当たり前です。ところがその五十両を渡してしまったが最後、かわいい娘が遊郭で客を取らされることになります。そんな状況で、他人にその五十両を渡すか？　少なくとも現代の感覚では疑問が残ります。

そこで、最大の改変ポイントとして、新たな登場人物「長吉」を加えました。長吉は左官職人として父から厳しく仕込まれる中、自ら命を絶ちます。以来、長兵衛は酒と博打に溺れる暮らしに。おひさは自分が男だったら兄の代わりになれたのに女だから、と苦しむ日々を過ごしています。

長吉の登場で背景を補強し、従来版では見えてこなかった各ポイントにおける登場人物の動機が生まれるようにしました。

〜談笑版『文七元結』〜

腕のいい左官職人の長兵衛は、仕事もせず博打に明け暮れる毎日。年の瀬もせまる寒い夜。今日も博打で身ぐるみはがされて家に帰ると、女房から「娘のおひさが行方知れずだ」と聞かされる。

「どこを探してもいないんだよ。まさかと思って川沿いだとか橋の下だとか」

「長吉みてぇになってるってのか」

夫婦が言い争っているところに訪ねてきたのは、日頃世話になっている吉原の妓楼「佐野槌」からの使いだった。

「おひさちゃんならウチに来てますよ」

女房の赤い長じゅばんを奪った長兵衛。おひさを迎えに行くと、店では女将とおひさが待っていた。

おひさは昼間吾妻橋から身投げするところを女将に助けられたのだ。

「『馬鹿なまねをするんじゃないよ』って顔を見たら。お兄ちゃんの横で一緒になって漆喰こねてたあの頃のおもざしが残ってたよ。『ひょっとして長兵衛親方んとこの？』って言ったら『おばちゃぁん！』ってしがみついて来てさ。泣いてたってしょうがない。ここに連れて来て話を聞いてみたら、おまえさんのその体たらくじゃないか。この子が言うんだよ。『あたしみたいな女の子でもここに置いてくれたらお金になるんですか？　もしなるならどうぞそのお金をおっ母さんに届けてもらいたい』」

「いや、こいつはまだ十七だからここが何するところだか……」

「分かってるよ！　分かってるからつらいんじゃないか」

おひさに心を打たれた長兵衛、ようやく目を覚ました。

「来年の大晦日までに返済すれば、客を取らせない」という格別の温情付きで佐野槌の女将から五十両という大金を借り受けた。

これでまた左官職に戻れる。来年末までに金を返す見込みは十分にある。これからは真っ当な暮らしをしよう。

帰り道、長兵衛が夜空の長吉に語り掛ける。

「手前ぇを叱りつけてた俺がこのザマだ。きっと俺のことを恨んでるよなあ。それでもおまえの妹のお蔭で生まれ変わった。見ててくれよ」

通りかかった吾妻橋の上で、身投げしようとする若者を慌てて止めた。

聞けば、「客から預かった売掛金を盗られた。旦那様に顔向けできません」。盗まれたのは、五十両。

「とにかく死ぬな」

「いえ、死ななきゃなりません」

「俺も一緒に行って旦那に謝ってやる。勘弁してくれねえ、そんな冷てぇ人なのか?」

「いえ、優しい方なんです。本物の江戸っ子です。大好きです。だから私は死ななきゃならないんです」

間抜けな自分がいなくなれば、旦那様はピカピカの江戸っ子として胸を張っていられる。自分が存在することで立派な旦那様を汚している……。

長兵衛は死んだ長吉の思いを聞かされる気がした。空に向かって尋ねる。

「おい、おめえの時はおとっつぁんみたいなウッカリ者は通りかからなかったのかなあ？」

懐の五十両を渡すかどうかギリギリまで迷った長兵衛。

「おめぇの年を聞かせろ。いくつだって聞いてるんだ！」

「は、はたちです」

「おめぇはよくよく、運がいい。持ってけドロボー！」

長兵衛親方は若者に五十両を叩きつけて立ち去ってしまう。

「せ、せめてお名前を」

「江戸っ子」

五十両を懐に若者が店に帰ると、盗まれたはずの五十両が届いていた。囲碁に夢中になって、大事な金を取引先に置き忘れていたのだった。近江屋の主人善兵衛が驚いて問いただす。

「おい、文七。これほどの大金、どこから持ってきた。もらった？　誰に」

「分かりません」

「さあ大変だ。番頭さん、この五十両どうしましょう」

「ええ、(旦那、番頭、文七の順に)二十、二十、十」

「バカかおまえは。なんとしてもお返ししなくちゃならない。文七、何か手がかりはないか」

「たしか、ゆうべ娘さんが吉原に身売りをしたとか」

「店の名前は？」

「いえ、何も」

手掛かりは、女ものの赤い長じゅばんを着た職人風の男というくらい。番頭が主人に、

「旦那様。もしや、あの方じゃございませんか？　時節柄といい、なさったことといい、そのお身なりといい。おそらくは、ハイ、間違いございません」

「ほう。どなただい？」

「サンタクロース」

「番頭……おまえは相変わらず空気が読めないねえ」

五十両もの大金を出すからには大きな店に違いない。吉原に顔が利かないわけじゃないからと、近江屋善兵衛が深夜に奔走する。

あくる朝。長兵衛親方の家では夜通しの夫婦喧嘩が続いていた。

「だから本当に若い男にくれてやったんだって」

「うそつけ！　博打ですっちゃったんだろ」

「少し寝かしてくれよ」

「起きなよ、何寝てるんだよ」

そこへやってきたのは、小間物問屋の主人近江屋善兵衛と文七。

「昨夜の五十両をお返しに上がりました」

御礼にと酒を二升、左官の道具一式。さらに長兵衛の心意気に感動した近江屋は、おひさの身請けまでしてくれた。親子三人が抱き合って泣いた。


これが縁で文七とおひさが結ばれます。店を構えて元結を売り出したところ、「文七元結」としてこれが江戸中の大評判になったという、文七元結というお噺でございます、……が。


「ちょいとおまえさん、起きなよ！」

「うわ。どこまで戻るんだいこの噺は？」

「しっかりおしよ。ほら、行くわよ。文七さんとおひさのところの、初孫の顔を見にさ」

【おまけ】

サゲに登場する紙製品としての「文七元結」は、江戸時代はもちろん、現在でも商品として製造販売されていて、お相撲さんや芸者さんの髷を結うためばかりでなく、水にも強くて丈夫な紙紐は寺社などでも日常的に用いられています。

定説としては信州飯田の文七という職人が開発して人気を博した商品が「文七元結」。元禄年間といいますから西暦一七〇〇年頃のことです。それに対してこの落語『文七元結』はずっと後の明治時代に三遊亭圓朝の手で作られたもの。つまりこの落語は、「誰もが知っているあの商品には、実はこんな由来がありました」という架空のエピソードだったのです。

その時代に圓朝の落語を楽しんだ人々は、「うまいこと噺をこしらえやがった！」と創作力を讃えたか、「へえ。そんな裏話があったんだ」と真に受けたか分かりません。

元結という生活雑貨が庶民の身近にあった時代と現代とでは、この落語の受け止め方はずいぶん違いそうですね。

芝《しば》浜《はま》

夫婦愛の名作に、リアリティーと思いやりを注入する

これも「人情噺」の代表格です。

「酔っ払い、芝浜、革財布」を織り込んだ三題噺で作者は三遊亭圓朝と伝わっていますが、諸説あります。

昔は「地味でちょっといい話」程度だったのが、三代目桂三木助が施した演出によって味わい深い人情噺になったのだとか。

『文七元結』も同様ですが、ダメ人間が改心して立派になる物語はどうも美談すぎて落語っぽくないというか。大好きなのにどこかで照れる演目です。勝手なものですが。

～従来版『芝浜』～

魚屋の勝五郎、通称うおかつが主人公。

天秤棒を担いで売り歩く腕のいい魚屋だが、酒好きがたたってついには仕事に行かなくなってしまった。当然、家計は火の車。

そんな冬の朝。女房に説教されて、勝五郎はしぶしぶ魚河岸に出掛ける。

ところが河岸に着くと、まだ刻限が早かった。

時間つぶしに芝の浜辺に出て、朝日を拝んだり海水で口をゆすいだりして、タバコを一服。ふと海中に見つけた物を拾いあげてみると、革の財布だった。開けてみると大金が。こうなったら仕事どころじゃない。

慌てて帰って女房とふたりで金勘定が始まる。

「いくらある？」

「四十二両」

「そうか、うわっはっは！」

亭主はさっそく友達を呼び集めて、飲めや歌えのドンチャン騒ぎ。もちろん仕事に行く気は消え失せた。なにしろ大金があるんだから働かなくたっていい。飲むだけ飲んで寝てしまう。


その翌朝。女房が亭主を叩き起こす。

「おまえさん、河岸に行っておくれ。稼ぎに行っておくれよ」

「昨日芝の浜で拾った金があるだろう」

「拾ってないし、仕事にも行ってないよ。そんな夢でも見たのかい？　みんなにご馳走したのは本当だけど、ぜんぶあたしが方々でお金を借りたんだよ」

女房はウソをついて、亭主が金を拾ったことをすべて夢のせいにしてしまった。

「そうか、夢か。金を拾ったのが夢で、散財したのは本当なのか。すまねえ。俺が悪かった。もう二度と酒は飲まねえ。勘弁してくれ」

　女房のウソを信じた勝五郎は、心を入れ替えて仕事に精を出す。

　そして数年の月日が経った大みそかの夜。すっかり羽振りがよくなった魚屋夫婦が、除夜の鐘を聞きながら福茶を飲んでいる。昔のように借金取りにおびえることもない。穏やかな年の瀬だ。そこに女房が古びた革財布を出してみせる。

「この財布に見覚えはない？」

「そういや昔、こんな財布を拾った夢をみたことがあったっけ」

「夢じゃなかったんだよ。あたしがウソをついていたんだ」

　あの当時、大家さんに問い詰められて拾った金だと白状した。そんなもの着服したら罪に問われると言われ仕方なく奉行所に届けて、と涙ながらの打ち明け話がはじまる。

「こんなに長い間、俺をだましてたのか！」

「ごめんね。だってあの頃のあんたは」

怒り心頭の勝五郎、女房の話を聞くうちにかつての自分のふがいなさを思い出し、また女房の深い愛情に心を打たれる。

「いや、俺が悪かった。いいから、もう手を上げてくれ」

「怒ってないの？」

「おまえは出来た女房だ。礼を言うのはこっちのほうだ。ありがとう」

夫婦の間にはわだかまりも隠し事もなくなった。

「おまえさん一杯飲む？」

「よし、飲もう」

久しぶりの酒を目の前にして、勝五郎がひとこと。

「よそう。また夢になるといけねえ」

談笑版への改変ポイント!

「あれは現実ではなく、夢だ」と言われて、
本当に信じるものだろうか？

表向きは納得してみせていますが、
本当はウソだと気づいていることにしました。

大好きな酒をやめたまま最後まで飲まないなんて、
かわいそうだよなあ。

サゲで酒を飲みたい！飲みます！

勝五郎の女房への態度に
現代ではDVと思われる言動がある。

DVはだめー。DV要素を除外しました。

～談笑版『芝浜』～

厳しい親方に仕込まれた勝五郎は、目は利くし気風《きっぷ》のいい魚屋だ。
ところが近年河岸のうるさ型で有名だった親方が亡くなってからは、邪魔者がいなくなったとばかりに性根の曲がった連中が台頭してきて、勝五郎はどうにも居心地が悪くなってしまった。河岸に行かず、酒に逃げ、酒を言い訳に仕事に行かない日が続く。

ある朝。女房から仕事に行かない理由を問い詰められて、魚河岸の居心地の悪さを話して叱咤される。

「だから毎日行けばいいだろ！　毎日河岸に行って、毎日真っ当な商売をして、いつか親方みたいになってさ。そんな釘の曲がったような奴らの首根っこを、あんたが押さえてやりゃいい。それだけの話じゃないか。いい腕に仕込んでくれた親方に申し訳ないと思わないかい？」

女房の正論に、ぐうの音も出ない。家を出て暗く寒い道すがら、勝五郎は河岸に向かいながら反省しきり。

河岸に着いたが刻限が早かった。時間つぶしに下りてみた芝の浜で財布を拾う。慌てて帰った勝五郎、女房と金勘定をして大いに喜ぶ。四十二両だ。大金だ。

「いいか、金を拾ったのは誰にも内緒だぞ。この金はどこかにおまえが隠しておいてくれ」

友だちを集めてどんちゃん騒ぎ、ぐっすり寝た。そのあくる朝。

「おまえさん。起きて河岸に行っとくれ」

「昨日芝の浜で拾った金があるだろう」

「拾ってないし、仕事にも行ってないよ。そんな夢でも見たのかい？」

ここで勝五郎、ウソだと言って頑なに信じようとしない。

「じゃああたしがウソついてるんだ？　あたしがウソつきか。あんたが拾ってきた大金をどっかに隠しておいて、あんたの留守に美味しいもの食べていい物着て。あんたの女房、最低だな！　ひどい女だ！　ああ、あたしたちもうダメだ。ここまで。おしまい。支えてやれなかったあたしが悪いのかなあ。もうどうでもいい。河岸も行かない。お金もない。このまま二人でここで朽ち果てよう。……あんたの魚屋姿、かっこよかった。今度生まれ変わったら、あたしたちもうちょっと上手くやろうね」

まるで死を覚悟したような女房の姿に、ついに勝五郎が両手をついて謝る。

「すまねえ。勘弁してくれ。もう、二度と酒は飲まねえ。河岸は一日たりとも休まねえ。二度とおまえを泣かせるまねはしねえ」

この日を境に勝五郎は人が変わったように仕事に精を出す。

そして三年の月日が経った大みそかの夜。魚屋は表通りに店を構え、何人もの奉公人を抱えるほど立派になっていた。

二人きりになった夫婦が、除夜の鐘を聞きながら茶を飲んでいる。昔のように借金取りにおびえることもない。穏やかな年の瀬だ。

台所に立った勝五郎が何やら首をかしげながら戻ると、女房が古びた革財布を膝の前に置いて頭を下げている。

「あたしが、ずっとウソをついてました。ごめんなさい。あんた人が良いもんだから、すっかりウソを信じて、いつもあたしに『すまねえ、すまねえ』って。本当は、あたしがウソをついてました」

「……俺、これ知ってたよ」

何が何だか分からない女房。

「俺も今それを取りに行ってたんだ。台所の床下の、ぬかみそ樽の脇な。……あのな、夢か夢でねえかくれえ分かるんだよ」

最初から勝五郎はウソだと分かっていた。それでも何か理由があるのだろうと話を合わせていたのだ。

ここから夫婦それぞれの隠し事が明らかになる。

勝五郎からは、毎日家中を徹底的に探し回っていたこと、ついに見つけたときのこと。

女房からは、溜まっていた店賃を一遍に払ったら大家さんに問い詰められて財布は奉行所に届けていたこと。落とし主が現れず一年後にお下げ渡しになったこと。

話をしながら勝五郎は後ろの戸棚から酒瓶を取り出すと茶碗に注ぎ、ぐいっと飲む。あっけに取られる女房。

「ん？　もちろん隠れて飲んでるよ。わはは。隠し事はお互い様だあな」

勝五郎は女房のウソを恨んではいなかった。

「四十二両は大金だが、働かずに遊んでいたらすぐに使い果たしたはずだ。おめえが隠しておいて、ウソをついてくれたおかげで助かった」

また、女房は根っからの正直者でウソがつけないはずなのに、つらく苦しい思いをしてウソをつき続けているのを知っていた。もうウソをつかなくていいんだと早く楽にさせてやりたかった。


夫婦の間には、嘘もわだかまりもすっかりなくなった。

「ねえおまえさん。お酒、飲んじゃおっか」

勝五郎はさっきから茶碗であおっているが……

「それは、お酢。匂いで分かるわよ。おまえさん、優し過ぎるんだから」

そして、久しぶりの酒を目の前にして勝五郎がひとこと。

「やっぱりよそう。また夢になるといけねえ」

と言いかけてがぶがぶっと飲む。

「わあ、飲んじゃったね」

「わはは。ここは飲みてえじゃねえか」


勝五郎が古い財布を開けると、中には砂と小石ばかり。

あのお金がこれまでのやりくりに役立った。小判で良ければ持ってこようか？

と女房。

「面白れえもんだな。みんな砂と小石になっちゃった」

「ねえねえおまえさん。あの日、河岸に行ったのもお金拾ったのも、ぜーんぶ夢だったことにしちゃおうか」

「あっはっは。そいつはいい夢かもしれねえ」

【おまけ】

オーソドックスに「よそう。また夢になるといけねえ」のままでサゲる時もあります。何年かに一度しか芝浜を聴く機会がなさそうな場所で演る時だとか。

さて、今回収録する動画ではどちらでやりましょうか。

芝の浜とは、場所でいうと東海道線や新幹線が通る線路のあたりでしょうか。そこに正傳寺さんという日蓮宗のお寺があって、年末になると「江戸前☆芝浜落語会」と称して私の独演会を開いて頂いてます。初代立川談笑の墓石があるのが縁です。

今回の談笑版『芝浜』に先立って現代版の改作を先に作りました。トレーラーの運転手が違法薬物にはまるという、別名『シャブ浜』。こっちも評判いいんですが、刺激が強いのでまたの機会にご紹介します。

子《こ》別《わか》れ

新しい男女同権と、遠ざかるノスタルジー

『子別れ』（別題『子は鎹《かすがい》』）は人情噺として今も人気の心温まる演目です。

今回扱う部分だけでも長い噺ですが、実は「上・中・下」三部構成の「下」つまり第三部にあたります。

父親が葬式の帰りに吉原遊廓へ出かける話が『子別れ・上』（別題『強飯＝こわめしの女郎買い』）。それが原因で夫婦喧嘩になって母親が子供を連れて家を出るくだりが『子別れ・中』。ですから今回の部分をもって、『子別れ・下』と称することもあります。

「リレー落語」といって演者が入れ替わって引き継ぎながらやることもあるし、三部のうちひとつだけを単独の演目として掛けることもあります。リムーバブルな落語ですね。

～従来版『子別れ』～

大工の熊五郎、腕はいいのだが酒ばかり飲んでまともに働かない。葬式の帰りに立ち寄った吉原で馴染みの女郎に再会して、何日も居続けてしまった。

やっと家に帰ってきても、女房を相手に女郎ののろけ話をする始末。堪忍袋の緒が切れた女房は、ついに息子の亀吉を連れて家を出てしまう。後妻として吉原の女郎を迎えるがとんでもない悪妻ですぐに出て行ってしまった。

ひとり身になった熊五郎、ようやく真っ当に仕事をするようになる。

そんなある日、熊五郎は思いがけず別れた息子に街で出会った。数年ぶりの再会だ。

亀吉に母親のことを尋ねると「再婚もせず、貧しいながらも女手一つで頑張っている」と。

「おとっつぁんも独り身だ。昔と違ってまともに働いてるんだぞ」

熊五郎は亀吉に小遣いをやる。

「そうだ。明日、二人で鰻を食いに行くか。おっと、ただし今日俺と会ったことは、おっかさんには内緒だぞ」

家に帰った亀吉、小遣いとしてもらったお金が母親に見つかってしまう。父親と内緒の約束をした手前、何とかごまかそうとするが、嘘をついていると直感した母親は「貧しさのあまり他人の金を盗んで、嘘までつくのか」と、亀吉をげんのうで殴ろうとする。

「これは私が殴るんじゃない。お前のおとっつぁんが殴るんだよ」

あまりの剣幕に亀吉はすべてを白状してしまう。

母親は怒るどころか、今は独り身ですっかり真面目になった熊五郎の様子を聞いてどこかほっとした表情をしている。

翌日。熊五郎が亀吉と鰻屋の二階にいると、いても立ってもいられなくなった母親が鰻屋を訪ねて来た。

元夫婦はどちらも未練があったのか、昔の心のきずなを思い出したのか、互いに惹かれあう様子もあるがいっこうに話が進まない。見かねた亀吉が二人の仲を取り持って、ようやく二人がお互いの気持ちを打ち明け合う。思い切ってヨリを戻すことを提案する熊五郎。承諾する母親。

父「こどもがあればこそおめえとも、またヨリを戻せるんだな」
母「本当ですよ。『子は鎹』とはよく言ったものですね」
亀吉「えっ、あたいがかすがいだって？　だからおっかさん、あたいの頭をげんのうで殴ると言った」

談笑版への改変ポイント！

舞台は江戸時代。

しかし、あらすじにおいて重要な物や慣用句、

元女房の反応が現代においてはピンとこない。

物語の構成を残して時代をまるごと

昭和四十年代の高度経済成長期にしました。

「かすがい」は柱と柱とを固定する釘。「げんのう」は金づち。昔は一般的に通用したようですが、現代では難しい気もします。また、サゲの「子は鎹」という慣用句は今でも普通に通じるのかな？

落語家によっては、前もって「かすがい」「げんのう」を説明して本編に入ったり、げんのうを金づちと言い換えたりと工夫をしています。**談笑版ではどちらも必ずしもその言葉にはこだわらないことに。**

さらに最大の問題点は、「新しい女を作って妻と子供を追い出した男に、後になって『やっぱりまた仲良く一緒に』と持ち掛けられて、元妻は簡単に納得できるか？」。**普通に考えると、簡単には納得できませんよね。さてどうするか。**

〜談笑版『子別れ　昭和篇』〜

主人公は鳶職。鉄骨鳶の親方として、若い職人たちとともに池袋のサンシャイン60の建設に関わっている。

その日は土曜日で仕事が早く終わっての帰りがけ、昔からの弟分テツに誘われて次の現場の下見へと向かうことになる。

道すがらテツに聞かれるままに語るのは、別れた女房に未練はないのか、かわいかった子供と連絡は取ってるのか、やり直したいと思わないのか。

「連絡は取ってないし、どこにいるかも分からない。あれは俺にはもったいない素晴らしい女性だった。俺は家庭を持つ器じゃねえんだ」

「もう四年生くらいになるんじゃないですか。亀吉、亀ちゃんだ。かわいかったなあ。お父ちゃんの正体はウルトラマンだって本気で信じてたでしょ？　夜になると巨大化して高いビルを建ててるんだって。あれ、俺が吹き込んでたんですよ。だってあの頃、兄貴は夜遊びばっかりでちっとも家に帰らないからかわいそうで」

「それで、か。『ねえねえお父ちゃん、誰にも言わないからちょっと空とんで見せて』って、飛べるわけねえって。『空を飛ぶから、トビなんでしょ』なんてな。子供の思い付きにしちゃおかしいと思った。あれ、みんなおまえの仕業か」


気がつくとそこは昔暮らしていた町内で、偶然目の前の小学校から出てきた息子亀吉と出会う。いつしかテツの姿はない。

親子ふたり、甘味屋に入ってクリームソーダを飲みながら数年ぶりに言葉を交わす。

「亀、大きくなったな。お母さんは元気にしてるか。そうか。そりゃ良かった。んで、んん、お父さんも、きっといるんだよな。……そうかそうか。そりゃいるよな。で、そのお父さんのことを、お前は好きなのかな？ ……うん、良かった！優しいんだろうな。何かいいもの買ってくれるのか？」

「クリームソーダを、飲ませてくれた」

「……え？　いや、それはこっちのお父さんだ。そうじゃなくて、今そっちにいる……」

「お父さんにあっちもそっちもないよ」


元妻は、あれ以来再婚もせずに貧しいながら女手一つで頑張っているという。

「お父さんのほうは新しい女とうまくやってるんだろ？」

「そうでもないんだ。あれからすぐに出て行かれちまって、それっきりだ」

「うそ！　独身ってこと？　行こう行こう！　お母さん絶対喜ぶから」

「ダメだ！　喜ぶはずがない。とても会わせる顔がねえんだ」


暮らし向きの話など。いじめなどつらい目にあっても我慢しているという。

「悔しかったけど、泣かなかったよ。男の子は、親が死ぬ時にしか泣いちゃいけないんだよね。だから、泣かなかった」

亀吉に小遣いをやり、「明日そこの鰻屋で会社の慰労会がある。おまえも来るか」と誘う。ただし、「俺と会ったことはお母さんには絶対に内緒だぞ」と指切りをして別れる。

家に帰った亀吉がランドセルを乱暴に放り出すと、小遣いで買ったプラモデルが出てきて母親に見つかってしまう。


「これ、どうしたの」

「買った」

「お金は？」

「もらった」

「誰に？」

「言えない人」

「子供がお世話になったら親が御礼を言わないといけないの。誰から？」

「言えない」

「盗みを働いた」と疑った母親にきつく問い詰められ、ついに亀吉は父親に会ったことを白状してしまう。


「そうか。ついに姿を現したか。いいんだよ、亀吉の好きにすれば。お父さんとその女のところで暮らすかい？」

「違う違う。女、とっくにいないんだって。仕事もしっかりしてて今は社長さんなんだよ。お財布の中に高額紙幣が、ぶわさっ。ぶわさっだよ！　へっへっへ。お嬢さん、お買い得の独身男を生け捕ってきましたぜ」

「バカ言わないの。お前とお父さんはどこまでいっても親子だよ。でも、こっちはもう夫婦でも何でもないんだ。顔も見たくない。おかしな期待をしても無駄だよ」

「ねえ、明日お母さんも一緒に鰻食べに行こうよ」

「絶対に行かない」

「たしか、子供がお世話になったら親は御礼を言わないといけないんだよね？」

「変なところから攻めるわねぇ」

翌日の昼どき、父親が待つ鰻屋の二階に亀吉が上がって来た。

「ごめんね。ぜんぶしゃべっちゃった。ねえ、お母さんもここに来ていい？」

「来ねえだろう。……まあ、俺は構わないが」

「お母さん！　いいって！　上がっておいでよ！」

入ってきた母親は目も合わさずに形だけの挨拶を済ませて帰ろうとした。元亭主が背中に声をかけると、母親は立ち止まり無言で睨み返す。

「あの！　ひと言だけ、謝らせてくれないか。許してくれとは言わない。人として言っちゃいけないこと、人としてしてはいけないことをずいぶんとした。申し訳ない。この通り（手をついて頭を下げる）……」

元妻は黙ったまま。

「あのさ。今はもうすっかり昔と違うんだ。もし良かったら……」

「嫌です！　死んでも、イヤ」

「そうだよな。ごめん」


立ち去ろうとする母親に亀吉がしがみつく。

「ねえお母ちゃん、帰っちゃだめだよ。いっしょに鰻たべよ。鰻おいしいから」

「食べない。離しなさいよ」

頑なな母の腕にすがりついたまま、亀吉が声を限りに泣き叫ぶ。

「うなぎたべようよー！　たべよう！　うなぎー、おいしいからー！」

「この子は、何があっても泣かないの。……分かったよ。鰻、食べて行こうね」

「あの、どうだろう。こいつもいるしさ。もちろんひとつ屋根でいきなり元々通りなんて話でなくて、さ。年にいっぺんでも、こうして一緒にメシを食う。そこから始めさせてくれないか」

「でも、昔みたいに好きになれないかも」

「それでもいい。ふたりが出会った、最初の最初からやり直させてもらえないかな」

静かにうなずく母。

「ありがとう。やっぱりおまえさんは、どこまでも優しい人だ」

涙をふきながら亀吉がふたりの手をとって握手をさせる。


そこへテツをはじめ社員たちがどやどやと入ってきた。ふすまの向こうで様子をうかがっていたのだ。

「どうも社長、おめでとうございます！」「おめでとうございます！」「おめでとうございます！」

「何だおまえたちそこに隠れてやがったのか。いやいやそういうんじゃねえんだ」

テツ「ねえさん、お久しぶりです。おめでとうございます」

母「あらテツさん。別にそういうんじゃないんですよ」
テツ「亀ちゃん、良かったなあ。ねえ兄貴。実はこれ、ぜんぶぜんぶこの亀ちゃんの書いた筋書きなんですよ」
亀「テツさん、だめえ〜！　ぜったい内緒だって指切りしたのに」

これからテツによるタネ明かし。二週間前に亀吉とテツは池袋の建築現場で出会っていた。亀吉は父親を捜して都内で建築中の高層ビルを回っていたのだ。テツの役回りは、父親がよりを戻す気があるかの確認と、学校の裏門への誘導。

テツ「亀ちゃん。例のランドセル作戦、うまくいったのかい？」
亀「だめだめえ〜」

しきりに照れる亀吉と笑顔で見つめる両親。

テツ「亀ちゃん、お父ちゃん戻ってきて嬉しいね。相変わらず正体はウルトラマンかい？」
亀「ウルトラマンなんかじゃないよ」
テツ「あれっ、違うのか」
亀「うん。帰ってきたウルトラマンだ」

【おまけ】

私的ノスタルジー全開で再構築しました。

江戸から明治大正、昭和もせいぜい戦前までといわれる古典落語っぽい雰囲気をどこまで近い時代に引き寄せられるかという試みでもあります。

浜《はま》野《の》矩《のり》随《ゆき》

新しい常識は、命を軽んじることを許さない

人情噺、名人噺の代表格です。心に沁みるいい噺なのですが、「この演目は嫌い」と公言する落語ファンも多いのです。

腰元彫りとは主に侍の刀につける装飾品で、精緻な金属工芸です。

～従来版『浜野矩随』～

浜野矩康《のりやす》は腰元彫りの名人で、大勢の弟子を従え作品は大人気を博した。その名人が亡くなるといつしか弟子たちは工房を去り、息子の矩随《のりゆき》は母親と暮らす裏長屋で細々と腰元彫りを続けている。

若い矩随の作品は道具屋の若狭屋が買い取っているが、それは亡父への恩義からであって作品は全く売れずに在庫はたまる一方。

ある日、矩随が持ってきた作品には馬の足が三本しかなかった。眠気に負けてうっかり切り落としてしまったのだという。ほとほと呆れ果てた若狭屋。酒が入っていたこともあり、矩随にいっそのこと腰元彫りをやめてしまえ、死んでしまえと乱暴に言い放つ。

うなだれて帰った矩随は母親に問い詰められて、若狭屋とのやりとりを打ち明ける。いっそ死んでしまうつもりです、と息子。死ぬ前に私のために形見の品を残してくれないか、と母親。

矩随は身を清めて一心不乱に作業をする。母親は「どうぞ息子に良いものを彫らせて下さい」と神頼みをする。

数日後彫り上がった観音像は見事な出来栄えで、母親に言われるまま若狭屋に持っていくと絶賛される。

「今日からお前は名人だ」

矩随が家に帰ると、母親は自らの命を絶つところだった。

矩随はこれを機に腰元彫りの世界で名人の名をほしいままに活躍した。

談笑版への改変ポイント！

母親の自殺。
「願いが叶った上からは私の命を捧げます」とは
最上級の神頼み。
しかし今の時代、そんな神頼みのルールなんて知らない。
どんな理由があっても自分の命を捨ててはいけません。

天寿をまっとうする話へ。

矩随は名人として覚醒する前、不真面目で才能も発揮できず、
「三本脚の馬」は不注意によるものだった。
不真面目な姿勢には共感できない。

真面目で、行き過ぎた才能ということにしました。

「腰元彫りをやめろ、死んでしまえ」という若狭屋の暴言。

死んでしまえとは言わないことにしました。

〜談笑版『浜野矩随』〜

名人の倅の矩随は母とふたりで貧乏長屋ぐらし。年老いた母は病床にあり、今にも天寿をまっとうするところだ。

矩随の作品は才気に溢れ意欲的だが、時代を先取りしすぎるのか評判は良くない。

この日は勢いよく駆ける姿で足が三本に見える若駒を彫り、母は「生き生きとしてるねぇ、お前は名人だよ」と褒める。

いつもは黙って作品を買い取ってくれる若狭屋は、今日に限って昼酒が入っていてとても手厳しい。若い矩随の独創性を頭ごなしに否定する。

「三本足の馬なんて、お侍が欲しがるか？　売れないんだよ。余計な我を出して妙に工夫されると迷惑なんだ。普通に彫ってくれないかな」

それでも矩随は頑として譲らない。

「お前がおかしな物を彫り続けてるから、近ごろでは『本当は父親も大したことないんじゃないか』って言われ始めてるんだ。優れた弟子に持ち上げてもらっただけじゃないかってな！ お前の存在は名人の顔に泥を塗ってるんだ！ やめちまえ！」

酒の勢いも手伝い、今後作品は一切買い取らないと宣言する若狭屋。

経緯を聞いた母は「私に観音様を彫っておくれ。おとっつぁんのところに行くときに見せてやりたいから」と矩随に頼む。「私がお前に彫ってもらうのはこれで二つめだよ。覚えてるかい？」と、胸元から取り出したのは小さな彫り物。

「お前が三つの頃だったたね。おとっつぁんの道具で見よう見まねで彫ってくれた可愛い兎。肌身離さず身に着けてたよ」

制作に励む矩随の傍で、いつしか眠っていた母が目覚めて言う。

「お前が四つの頃、花見に行ったときの夢を見たよ。お前が遠くからいろんなお侍さんを指差して『おとっつぁん』『こっちもおとっつぁん』って……近づいてみると、本当におとっつぁんの腰元彫りを身に着けてて。『ああ、この子は生まれながらの名人だ』ってお弟子さんたちがみんな驚いて……」

三日後の朝。言い過ぎたと反省した若狭屋が矩随を訪ねてくると、母は息を引き取った後だった。観音像が仕上がり、母の亡骸に「しっかりおとっつぁんに見せてくださいね」と差し出す矩随。それを見た若狭屋が言う。

「出来たねぇ……これは矩随名人の作だ。これでみんな納得するよ」

以来、八十でこの世を去るまで名人の名をほしいままにした矩随。大勢の職人が立ち働く工房を、神棚から優しいお顔をした観音様とかわいらしい兎の彫り物が見守っておりました。

【おまけ】

とてもいい噺なのに「自分で命を絶とうとする」展開が何度も出てくるのが私にはどうにもツラいのです。若狭屋にきつく当たられた矩随、その後の母親。母親は、古くは本当に亡くなってしまうこともよくありました。今では、幸いに一命をとりとめるとか今にもというところで止められるとか、命が助かる演出が多いようです。

私としては、そもそもそんなことを企図しないで頂きたい。母親を寿命間近にすることで自害要素を完全に消し去りました。

数ある工夫の中で、ひとつくらいこんなのがあってもいいじゃないですか。

居残《いのこ》り佐平次《さへいじ》

一文無しから熱狂的支持を集めるメンターになる方法

遊郭が舞台となる「廓噺《くるわばなし》」の代表格です。

「居残り」とは、遊興費を支払えないために身柄を拘束されている者のこと。

太平洋戦争中は盛り場で遊ぶ話はケシカランと「禁演落語」にされていました。戦後は復活して幾多の落語家によってサゲも含めて多様な工夫を加えられながら、今もよく高座に掛けられる人気の演目。したたかなネタです。

〜従来版『居残り佐平次』〜

新橋の居酒屋で男三人が飲んでいると、見知らぬ男佐平次に声をかけられた。

「格安で遊べる所がある。一緒に行かねえかい」

佐平次に連れられて繰り込んだ品川宿では、立派な店で芸者をあげて飲めや歌えやの大騒ぎ。とても格安じゃ済まないだろうと心配する三人に佐平次は、「約束通りひとり一円で大丈夫。夜が明けたらすぐに帰ってくれ。またこの三円はしばしの生活費として母親に届けてほしい。自分はこのままこの店の居残りになる」と宣言する。

翌朝。ひとり残った佐平次は朝酒、昼寝とのんびりしていて、勘定を催促されても相手にしない。自分はいわば留守番役で、夜になったら昨夜の三人が戻ってきてまたまた大盤振る舞いをした挙句に、いっぺんに払う趣向なのだと。

そして三日目の朝。とうとう三人はやって来ず、若い衆から勘定を払えと迫られた佐平次。「彼らは初対面で誰だか知らない。金は一文も持っていない」と白状し、布団部屋に押し込められて居残りとなる。

夜になり店が忙しくなると、佐平次はこっそり部屋を抜け出してはこまごまと働き始める。手が足りない店の者たちは助かった。便利で器用で気が利く佐平次は重宝されるうちに、ついには方々のお座敷からご指名がかかるまでの人気者になってしまう。

そこで面白くないのが若い衆たち。店は繁盛しているのに、客からの祝儀はすべて佐平次に持って行かれてしまうのだ。店の主人は佐平次を呼び、主人「勘定はある時払いの催促なしにする。店を出て行ってくれ」
佐平次「盗み、強請《ゆす》り、たかりで追っ手のかかる身なので外へは出られません」
主人「そんな罪人ならなおさら置いておけない！　今すぐどこかへ高飛びをしておくれ」

ついに佐平次は旅の路銀にと二百円を出させ、主人の新しい結城の着物と帯までせしめて堂々と表から出て行った。
その直後、男の正体が有名な居残り常習犯だったと知らされた主人。腹を立てて、
主人「人をおこわにかけやがって」
若い衆「へへっ。旦那の頭がごま塩ですから」

※「おこわ」は、赤飯のこと。
※「おこわにかける」とは、他人をだますこと。

【談志版のサゲ】

佐平次を見送った後、若い衆が主人に、
若い衆「金や着物までくれてやって堂々と表から帰すなんて。裏から帰せばいいじゃないですか」
主人「あんなもんに裏を返されてみろ。あとが怖い」
※「裏を返す」は遊里の言葉で、初回の客が後日再び来ること。
※談志が作り、気に入っていたサゲ。発案は山本益博氏。

談笑版への改変ポイント!

居残りが若い衆から袋叩きなど
酷い目にあわないのは不自然。

↓

陰でこっそり金を握らせて、
若い衆を買収していたことに。

佐平次は、腕のいい幇間《たいこもち》(男芸者)
みたいだけど……?

↓

あらゆる分野で優れた専門知識がある、
心理操作も巧みな人物にしました。

サゲの言葉が古い言い回しで分かりにくい。

↓

できるだけ一般的な言葉を使ってサゲよう!

〜談笑版『居残り佐平次』〜

新橋の居酒屋で男三人が飲んでいると、見知らぬ男佐平次に声をかけられた。「四人組だと格安で遊べるいい店がある。一緒にどうだい？」品川宿に繰り込み、大見世で芸者を上げて派手な宴席。夜が更けると、佐平次は三人から約束の一円ずつを集める。「夜が明けたらすぐに帰ってくれ。自分はこの店の居残りになるから」

翌朝。佐平次は朝酒、昼寝とのんびりしていて勘定を払おうとしない。自分は留守番役で、夜にまた昨夜の金持ち三人が来て大盤振る舞いをした挙句に二日分を一度に払う。どれだけの金額になるのかを楽しむという趣向なのだ、と。

三日目の朝。とうとう三人はやって来ず、若い衆に問い詰められた佐平次。「初対面で誰だか知らない。金は一文も持っていない」と白状し、居残りとなる。

乱暴に布団部屋に閉じ込められる時、佐平次は若い衆に三円を握らせる。

「いいから取っといて。これはお勘定とは、別。おまえさんへの迷惑賃だから」

この後、他の若い衆たちが見せしめのために居残りをいたぶろうと勢い込んでも、買収されている男が何とかはぐらかして佐平次の身を守ってくれる。


いつしか布団部屋から這い出してこまめに働き始めると、オールマイティーで広い知識と技術を備えた佐平次はあらゆることを見事にこなしてみせる。

板場に入っては包丁を振るい新メニューを考案し、帳場に入っては複式簿記で経理を立て直す。部屋に上がり込んで客と話をする時も、楽しく座を取り持つばかりか、客それぞれの商売や困りごとのすべてを把握していて、見知らぬ客同士の需給をマッチングさせる情報屋として凄腕を発揮する。

昼間は女の子たちを集め、三味線を弾いて歌と踊りの稽古。お化粧指導。ワンランク上の接客術。仕事に向き合う上での心構え。幸せのための十か条、など。

スキルアップと洗脳まがいの精神指導のおかげで、店の評判は急上昇。右肩上がりになった収益はそのまま従業員の給与に反映させる。

頑張って借金を繰り上げ返済できた女の子には、妓楼を出た後の住まい、身元引受人、堅い働き口まで手配して送り出す。

こわもての若い衆たちも、客からの祝儀を佐平次からもらっていて残らず手なずけられてしまった。

長らく他所で遊んでいた店の旦那が数十日ぶりに帰ってくると、店は活気に満ち溢れていた。帳簿を開くと、見まがうばかりの大繁盛。店の者たちを集めて、

「いま品川宿の寄り合いがあってな。この宿場に佐平次って悪党が入り込んでるらしい。吉原から千住から荒らしまわってる性質《たち》の悪いやつでな。器用に女郎屋に入り込んで、そこの女でも男でもみんな手なずけちまうってんだ。そしてみんながすっかり心を許したところで、一人残らずとんでもねえ額の借金を背負わせて手前ぇは大金持ってズラかっちまうんだとよ。女将がその店の主人で、亭主は

脇からやってきたって、つまりまさにウチみたいな店が狙われるんだ。佐平次って野郎だ。気を付けなくっちゃいけねえぞ」

「大丈夫ですよ旦那。ウチには居残りさんがいるから心配いりません。なあ、みんな」

「なんだその居残りさんてのは？」

そこへ女将と芝居見物に出かけていた佐平次が帰って来た。旦那が色めき立って、

「ひょっとしてあんた、佐平次さんだろ」

「へい」

「金ならやる。出て行ってくれ」

「みんな、旦那はこう言ってるが。居残りさんがこの店からいなくなってほしい人！ ……ひとりもいないねぇ。じゃあ、こんな旦那は今日限りでいなくなったほうがいいと思う人！」

「はい！」

「はい！」

「はい！　はい！」

「ご覧の通り。ひと足、遅かったようですな。いずれなりと、どうぞお引き取りを」

「くそう。こいつは本当に酷い男だからな。それでも俺はおまえたちを見捨てやしないぞ。必ず、助け出してやるからな。それじゃあ……」

「おっとっと旦那、表はこっちですぜ。そっちは店の奥。どこへ行くんです？」

「布団部屋に行ってな、いちからやり直すんだ」

【おまけ】

古典落語を詰め込んだ映画『幕末太陽伝』(川島雄三監督)では、フランキー堺さんが佐平次を実に活き活きと演じています。軽妙洒脱な佐平次像はその後の落語『居残り佐平次』のキャラクターに大いに影響を与えたと考えています。

先日、早稲田松竹という名画座の企画イベントに招かれました。映画『幕末太陽伝』を上映した後に、スクリーンの前に高座を出してそこで落語『居残り佐平次』(談笑版)を口演するのです。あれは興奮したなあ。

「ある会でさぁ、フランキー堺、石原裕次郎、小林旭と共演したことがあるんだぜい」というミステリアスな自慢話がひとつできました。

【対談】立川談笑×中江有里
落語は生きづらさを乗り越える
「フィクションへの窓口」

先代っていうのは、やっぱり大事にしたくなりますよね

中江　談笑さんとは、情報番組の『とくダネ！』でご一緒して。レポートをしている談笑さんを先に見ていたんですよ。もちろん、落語家だということはわかっていましたけど。

談笑　わはは。順序が違うっていう。

中江　昨年（二〇二二年）に、立川談慶さんの三十周年の落語会に伺った際、談笑さんがゲスト出演されていて。やっと、高座にいらっしゃる本来の談笑さんを見たというか聴かせていただきました。

談笑　ありがとうございます。

中江　談笑さんは、落語家になられてどのくらいになるんですか？

談笑　ちょうど三十年です。私、談慶さんの一年後輩なんですよ。ですからちょうど三十周年。早いですよ。びっくりしちゃう。

中江　ええ。

談笑　談慶さんと私は落語家の中でも少しキャリアが変わっていて。談慶さんが慶應義塾大学、私は早稲田大学出身。で、談慶さんはワコールに就職して。

中江　それで最初の名前が、立川ワコール。ふふふ。

談笑　私にも談志が「どうだ、名前に早稲田って入ったほうがいいと思う？」って。

中江　それは、答えにくい質問ですね。

談笑　「いやいや、どっちでもいいんだよ。お前はどう思うんだ」って聞かれたんですよ。それで「いや、入らないほうがありがたいですね」って。

中江　入らないほうがありがたいです（笑）。

談笑　かわいげがないからね。もしあの時に「ついたほうがいいです」と言っていたら、きっと「ワセダン」だったと思う。

中江　ワコールにワセダン、ダジャレの世界。

談笑　かっちょわりーと思って（笑）。それでその後で「ダンショウって名前があるんだ」と。「俺の、談志の『談』に、志ん生圓生の『生』で『談生』という。結構な名前だろ？　いい名前にできるかどうかやってみな」と言われて「談生」になりました。「いい名前にできるかどうかやってみな」というのがちょっと引っかかったんだけども、すぐに喜び勇んで兄弟子のところに行って「名前つけていただきました、談生です」と報告したんです。そしたら、「え、お前『談生』なの……辞めるなよ」「え？」って。自己紹介するたびにみんな爆笑するんですよ。どういうことかと思ったら、談にナマの談生ってつけられたやつは代々すぐに辞めていくって。辞め名なんだ、呪われている名前なんだと。

中江　えぇ～。

談笑　ときどきね、談志が急に昔のことを思い出したのか「ちっきしょ、談生のやろう」とか言ってね。それで私のほうを見て「いや、オメェじゃないもんな」とかって。やな名前だなと（笑）。

中江　それで「笑」のほうに。

談笑　それがね、そこは私と師匠とで言い分が違うんですよ。私は師匠に勧められた気でいるんですけどね。「談に笑うっていうのもあるぞ」と言われて。でも師匠いわく、私が「談笑」のほうになりたがったって。

中江　そうなんですか？

談笑　立川談笑という名前は、約二百年前の文化文政時代に初代が登場したんですけど、この人プロの落語家の第一号と言われているんです。で、その二代目談笑が直前まで名乗っていた名前っていうのが、初代の「立川談志」なんです。だから名前だけでいうと、談笑のほうが格上だった。そういう気まずい事実もあったりするんですよ。わはは。

中江　落語家の皆さん、名前について語られる時って、なんだか最近の話をするみたいにお話しされますよね。もちろん、初代の方には会ったこともないでしょうけど。

談笑　なんとなく縁というか、感じますよね。その初代談笑のお墓が芝にあるんですよ。

中江　今も、港区に。

談笑　芝の日蓮宗の正傳寺さんという、新幹線からも見えるお寺なんですけど。そのご縁で今もお付き合いがあるんです。そこのね、自分の名前の墓石に手を合わせるっていう。

中江　(笑)。

談笑　手を合わせている俺はいったいどこの誰だろう、みたいな。

中江　いうなれば縁もゆかりもないっていうかねぇ、顔も知らないわけですよね。

談笑　そうそう。談志は、先代の談志の本郷にあるお墓にね、ずいぶん足しげく通ってましたよ。先代っていうのは、やっぱり大事にしたくなりますよね、心情としてね。

中江　ええ。

談笑　その先代談志のお寺が最新式のビルに改装されたんです。久しぶりにお参りに行ったら驚きました。墓所がまるごと地下に移設されてるの。

中江　地下なんですか。

談笑　エレベーターが地下に下りてウイーンって開くと、ずらっと苔むした墓石が並んでる。まるで秘密基地みたい。近未来的な地下の、古いお墓に先代談志はおさまってるんですよ。

うちの師匠はすごいなって

中江　私、立川流の方にはご縁があるのか、最初にお目にかかったのは談春さんかな。

談笑　あ、そうですか。談慶さんよりも先に。

中江　そうそう。談春さんとは、対談したことがあるんですよ。それで談春さんの奥さんが、もともとスタイリストをやってらっしゃった方で、私、十代の時にスタイリングしてもらってたんですすよ。

談笑　へぇ〜。

中江　談春さんとご一緒に奥様がいらしたので、久しぶりにお目にかかって、驚きました。

談笑　そんなことがあるんだ。

中江　そういうご縁があったりして。談四楼さんとも番組をご一緒したし、あと談慶さん、志らくさんも。ご一緒してきた皆さん、本を出されてる方なんですよね。だから私、立川流の人はみんな物を書く人だというイメージが。

談笑　はいはい。

中江　あと、「ブックレビュー」という番組をやっていたときに、談志さんの本がよく推薦本として取り上げられていたので。私自身はお目にかかったことはないですけれど、皆さんが本で描かれたり、話されたりしている談志像にもあまりブレがないので、おそらく書かれているままの方なのだろうと、イメージはどんどん膨らんで。映像もね、残っているものを見て、これは間違いなく強烈なキャラクターというか。

談笑　ええ、ええ。

中江　すごく矛盾がある方じゃないですか。

談笑　そうそう。

中江　そこで師弟関係を結んで、いろんなことを言われても全部飲み込んでこられたっていうのは、大きな強みだなと私は思っているんです、勝手に。

談笑　ははは。うちの師匠はすごいなって思ったのが、学者さんみたいな人と議論になって、お酒の場で。うちの師匠は、「じゃあなに、あなたが言っているのは、こういうこと?」「そうです」「じゃあ、俺が言っているのはこうだけれども、あなたが正しいって言っているわけ？」「そうです」「あんたが正しい。俺が間違ってた」って。やらないでしょ、普通。

中江　やらないですね。

談笑　議論になったら勝ち負けの世界じゃないですか。そこで江戸っ子が喧嘩に負けたときに、バーッて大の字になって、「さあ殺せ」みたいな。俺が負けた、あんたが正しい。その話をよく聞かせてくれっていうふうに、本来の意味の「君子は豹変す」ですよね。自分が間違っていると思ったら、正すんだっていう。

中江　なるほど。

談笑　私なんかは、談志が本気で言っているのか、強がりで言っているのか、心にもないことを言っているのかっていうのがね、肌で結構わかったんですよ。師匠がすごく怒っていても、「あ、これ違うな」とか。さらっと言っていても「あ、これマジだぞ」とかっていうのは見分けられたと思っているし、きっとだから二つ目になるのもすごく早かったんですけど。

中江　ええ。

談笑　苦労したのは談慶さん。

中江　談慶さんの本を読むと、大変な苦労をされたんだなとわかります。

談笑　こっちだっていうと、わ〜って走っていって。違う、こっちだっていうとわ〜って走っていって、こっちだってバーッて、もう右行ったり左行ったり。あれは大変だったと思うな。談志の気まぐれをすべて真に受けて全力疾走だから。

中江　談志さんの弟子っていうのは、その矛盾の中で生き抜いてこられたんですね。

談笑　だから立川流はみんな、師弟関係というのは矛盾に耐えることだと思っちゃってるところがあるんです。他の一門でも矛盾に耐えたりはあるだろうけど、ウチは極端だったかなあ。

中江　（笑）。

談笑　上納金を納めてたんですよ。毎年何万円も。滞納者は罰金とかね。一般の家賃の取り立てより厳しいんだ。よその師匠は弟子にお小遣いくれるんだって？　知らなかった、みたいな。

中江　それは知ってて入ったんですよね？

談笑　もちろんもちろん。それでお正月、お年玉をくれるんだけど、すごくうれしいのね。もうわかんなくなっちゃうの（笑）。

中江　それ、自分が払ったお金かもしれないですよ（笑）。そういうことを、皆さんさらけ出して書いておられるから。いやー、すごいなと。

談笑　被害者同盟です。

中江　被害者同盟（笑）。

『令和版 現代落語論』を書いた理由

中江 どうしてこの本を書こうと思われたんですか?

談笑 五十年以上前に立川談志が『現代落語論』という本を書いたんですよ。時代によって落語が変わってきますし、談志の薫陶を受けた私としては、そろそろまとめたいなって思ったんですね。

談志が『現代落語論』で書いていたのは、このままでは落語は能・狂言と同じ「伝統芸能」の道を辿る、「大衆芸能」としては滅びてしまうと。落語をもっと今の時代に合ったものにしなくちゃいけないって。江戸時代から二百年、落語は時代に合わせてお客さんに合わせて変化してきたのが、五十年くらい前から固定化しちゃったんです。いわゆる「本寸法」という形で。なぜかっていうと、レコードだとかフィルム、VTRっていうように、落語を固定化できるようになったから。

中江 記録できる媒体ができた。

談笑 名人の名演が映像で残るようになってしまって。若い落語家が柔軟に時代に合わせて変えようとすると、「おいおい、あんちゃん」と。「あの名演にお前はケチをつけるのか。お前ごときが工夫を加えるのか」って。そこで談志が「時代に合わせて変えなくちゃいけないんだ」って言って、実はそれは、昔の本来の柔軟な落語の形だと私は思いましたね。

中江 原点に戻る。

談笑 戻ったと思いますね。特に古典落語を守ってきた大きな協会だと、その傾向が強かったと私は見ているんですけれども。それが今、みんな柔軟に直してますね。古典落語に手を入れてサゲを変えたりだとか、ギャグを差し替えたりだとか、人物造形、キャラクターを入れ替えたり、いない登場人物を付け加えたり、男を女にしちゃったりだとかっていうようなことを、若手も自由にするようになったっていうのが本来の落語の姿ですね。

古典のわかること、わからないこと

中江　この本の、談笑さんが従来の落語をどういうふうに改変したかというのを拝読して、さきほどのお話と通ずると思うんですけど。古典の中でも今の価値観でいうと本当にわからないことはあって。

談笑　うん、うん。

中江　この言葉、今使わないから言ったところで伝わらないなとか。

談笑　そうそう。

中江　例えば私も時代劇をやることがありますけども、本当にその時代の人がどんな口調で、どんな言葉を使っていたかなんてことは、誰にもわかりませんよね。

談笑　ですよね。

中江　だけど、「こういうもんだ」ってやるわけじゃないですか。でも本当にそうかは確認しようがないわけですよね。ある種、開き直ってやってるところもあるし。

談笑　うんうん。

中江　芝居の場合は、時代劇に限らずどんな作品も台本があって、監督がいて、役者が演じるわけですけど、落語の場合は、自分が演者であり、そして自分がある種の作者であり、演出家であり。その全部を自分が担う。自分が能動的にやる部分と、客観的に見なきゃいけないって、その両方がありますよね。

談笑　そうですね。

中江　だから、談笑さんの視点で古典の何が現代に通じないのかを噛み砕いて改変していくところが、おもしろかったですね。

談笑　ああ、ありがとうございます。理想的には変えたのに気がつかないくらいの変え方をしたいんですよ。古典落語を聴き込んでいる人は「あ、ここを変えたな」ってわかっても、初めて聴く人は気が付かないいみたいいな。そのぐらいの線を本当は狙ってるんですけどね。

中江　ええ。

談笑　だから、落語は言葉遣いだとかを追い求める考古学ではないんですよね。新田義貞《にったよしさだ》だなんだって『太平記』をやろうって時に、室町時代後半の言葉遣いでやったら、今の人わからないじゃない、絶対に。

中江　わからない、わからない。

談笑　何言ってんだか、まったくわからなくなっちゃう。あと、江戸時代の時代劇ありますけども。「眉落《まみえ》として歯に鉄漿《かね》染めて」っていう『紺屋《こうや》高尾《たかお》』のフレーズがありますけども。花魁が人妻になったうれしさを表現するのに、眉毛を剃って歯を真っ黒に染める。でも、そんな気持ち悪いやつ、時代劇に出てこないですよね。

中江　どっちかっていうと、気持ち悪いですね（笑）。

談笑　落語もそうだし時代劇も、今のみんなが楽しむためのコンテンツなわけで、そこで描かれる江戸時代っていうのは、今の人たちが共有する幻想としての江戸時代ですよね。お侍ってこんな感じだよね、っていう、共同幻想だと割り切って。

中江　今ではないような、身分の違いがあったりとか、あと、便利なものはほとんどないわけですよね。冷蔵庫もない世界。電子レンジもないですよね、電気通ってないわけですから。

談笑　そう。そういうことね。電子レンジ便利ですよね！

中江　（笑）。

談笑　つくづく思うわ。飛行機だとか月世界行くとかよりも電子レンジすごいと思う。

中江　ふふふ、すごい比較。

談笑　昔ご飯あっためる時に、蒸し器とか使ってたでしょ。いま三十秒でチンですわ。

中江　うち電子レンジないんですよ。

談笑　えっ……？

中江　壊れてから処分しちゃって。案外なくても生きていけるんですよ（笑）。

談笑　そうなんですか！

中江　だから、蒸してるんですよ、本当に。

談笑　蒸し器で？

中江　蒸し器で。そしたらこのあいだ、とうもろこしを売っていて。「あ、このとうもろこしおいしそうですね、どれくらい蒸せばいいですか」と訊いたら、「これはもう、水につけてレンジでチンでできますから」って。「いや、チンじゃなかったら？」「いや、チンでできます」って。もうコントですよ。

談笑　わはは。強情な人だな（笑）。

中江　「いや、だから、チンじゃなくて、どのくらい蒸せばいいですか」「チンで、チンで」って。「いや、うちチンがないんです」って言ったら、「あっ……」って（笑）。まさか電子レンジがない家があると思ってなかったっていう。

談笑　へえ～。

中江　いや、便利なのはわかってるんです。でも、なくてもなんとかなるっていう。

談笑　なるもんですね。

中江　まあ、あったらあったで使っちゃうと思います。

談笑　いや、便利ですよ。

伝統だって思っているものが、意外と違うことがある

談笑　古典落語を聴き始めると、昔のことをいろいろ調べたくなるんですね。街の並び方にしても、本当はこの地図だと違うんだよなというふうに気になっちゃったりとか。

中江　ええ。

談笑　お正月のお節料理ってあるじゃないですか。あの重箱のお節。ご年配のお母さんたちが「私たちは煮豆作ってね、年末になるとやったわよね、お煮しめ作って」なんて、調べるとあの重箱のお節料理って戦後、デパートが売り始めたらしいんですよ。

中江　じゃあ、最近じゃないですか。

談笑　そう。六～七十年くらいの歴史しかない。デパートで買ってくるようになって、「あ、いいな」という人が、じゃあうちのお重でも再現しましょっていう。そのわずかな間のブームで。

中江　考えたことがなかったですね。そこまで。

談笑　ちょっと調べてみたらおもしろかったんですよ。元禄時代くらいから、重箱にお料理を詰めてっていうのは花柳界だとかで流行って。重箱一段の中には奇数しか入れないっていうようなルールはいろいろ確立して、すごく文化的に高まった。

中江　ええ。

談笑　地味な行事だったお節に、ド派手な重箱を持ち込んで金持ちの間で流行ったのが明治くらい。それを戦後バーンとデパートが売ってブームになったと。

中江　お節料理って、豪華じゃないですか。お重の数に合わせてどんどん値段が上がっていくし、デパートでもすごいですよね。最近は有名旅館のお節やフレンチのお節もありますよ。

談笑　中華のお節とかね。

中江　洋風とか和風とかあるし。もともとはそういう裕福な方の文化を広めようという感じでデパートがやりだして。

談笑　そうそう。

中江　それをうちでも真似してみようということだったんですね。

談笑　……っていうふうに、我々が伝統だって思っているもの、昔からこうだよねって思っているものだとかは意外に底が浅かったりとか。

中江　そういうことってありますよね。

談笑　そう。それで落語っていうのはどんどん柔軟に変わってきたんだよっていうのもありましてね。『芝浜』という人情噺で、除夜の鐘がゴーンと鳴ってっていうの、みんなやりますけども。除夜の鐘って、その昔、江戸時代なんかでは、日暮に撞いたんですって。

中江　なんでそんな、早い時間に？

談笑　日没とともに撞く鐘が除夜の鐘だったらしい。

中江　そうなんですか。知らなかった。

談笑　だって、考えてみたらそうですよね。夜中の十二時ってカウントしようがないっていうか。それで、年が明ける瞬間は初日の出だったらしいですね。

中江　ああ、なるほど。

談笑　当時は数え歳ですから、初日の出で年が明けて全員が一つ歳をとる、めでたいと。で、その夜の晩に見る夢だから、初夢。だから今、紅白歌合戦の後に見る夢が初夢だっていう人もいますけど、元々はそうじゃないそうです。

中江　どうして二日目の夜が初夢なのかなって子供の時に思ってました。案外知らないことがありますね。

生で触れることのありがたみ

談笑 我々落語家は、お客さんの反応っていうのを目の当たりにしながらやるわけです。お客さんが五割くらい引いてるってなると大変だし、ちょっと一割くらいピクッって笑ってたらいいかな、というのを見ながら調整してやっているんですね。

中江 客席をちょっと明るくしてますって書いてましたね。

談笑 そうそう。お客さんも、言われて初めて客席が明るいことに気づいたって人が多いですよ。

中江 会場によってお客様の数はまちまちだと思うんですけど、一番少なかったときだと、どれくらいなんですか？ 今までで。

談笑 ……五人かな？ 会場は大きかったんだけど、空席だらけですよ。

中江 （笑）。

談笑 そういうときって不思議なもので。席が前のほうにあるのに、みんな後ろのほうに座っていて。

中江 もっと前に来てって感じですね。

談笑 先に高座に上がった人が、「ダメダメ、客少ないし後ろのほうに座っているし」って。じゃあって私が座布団持って「はい」ってそこまで行って。

中江 後ろにいても最前列になる（笑）。

談笑 お客さんびっくりしてる。

中江 それは、お客さん驚きますよ。でも、本当にいろんなところに身一つで行かれるんですよね。東日本大震災の被災地に行かれたときも、最小限の荷物を持ってと書かれていたけれど。どこでもできるっていうか。いつでもやれるっていうのは落語の強みだなって。

談笑 それはありますね。照明もいらないし、音響だっていらないし。マイクもいらないっちゃいらないわけですよね。なんなら出囃子もいらないかもしれないし。それこそ戦時に兵隊に行った先で落語をやらされたっていう話もあるくらいで。まず落語は簡便ですよね。

中江　アナログな芸というか。それでいて、「少年ジャンプのように」って書いてあったのがなるほどなと思いましたけれども、読み捨てても構わないんだって気楽さがある。それって、落語の値段にも表れていると思ったんですよね。

談笑　はいはいはい。

中江　私、あんなに安くていいのかなって、思うときあるんですよ。

談笑　でしょ。ですよね。

中江　思います、思います。

談笑　だからね、メジャーな人がもっと吊り上げてくれないといけないと私は思うんですよ。

中江　だって、落語家って話術のプロ、噺の技術者じゃないですか。たとえば電気工事は、技術者に来てもらう出張料がいるんですよ。

談笑　電気工事……。確かにそうだそうだ！

中江　そうでしょ。だから落語だって出張料がいるくらいなのに、こんなに安くていいのかなって思ってたんです。

談笑　いやいや、本当に業界のトップ中のトップでも五千円台ですよ、せいぜい。これが、他の舞台芸能だったりすると、一万円くらいするものもあると思いますけど。

中江　もともと取っちゃいけないっていうのがあるんですか？

談笑　ないですよ、ないですよ。

中江　ないんですか（笑）。

談笑　談志がずいぶん吊り上げたんですよ。それでも三千いくらだったかな。でも当時の業界としては「え、落語なのにそんなに取るの？」っていう感じで。

中江　木戸銭なんておっしゃって、つまり、気軽に戸を開けて入るようなお金っていう意味じゃないですか。チケットとか、鑑賞券っていうものじゃないから。

談笑　下駄履きで行ける気軽さというのがいまだに価格には残っていて。まあ、それはそれでいいのかなというふうに思っていますけどね。

中江　それこそさっきね、お能とかの話が出ましたけど、歌舞伎だと金額的にもやっぱりなかなか行きづらいところがあると思うんですよね。

談笑　ハードルがね。

中江　それと比べるとやっぱり落語のほうが敷居としては低いかなというように思います。

談笑　歌舞伎だって江戸時代から続く大衆芸能なはずなんですけど、その頃からもう大衆芸能の星ですよね。憧れの的だから。綺麗な衣装からね、化粧から。

中江　行く側も結構気合いを入れて。お着物も一張羅をお召しになるっていう。

談笑　晴れ着ですよね、晴れの場ですよね。落語の場合はどっちかっていうと、ほとんど銭湯に近い。

中江　銭湯ね（笑）。

談笑　終わって出てくる頃にはすっぴんで。でも今ね、綺麗なお召し物でいらっしゃる方、特に女性なんか目立つようになりましたよ。

中江　若い方はいらっしゃいますか？

談笑　若くはなってますね。三十代くらいの女性が増えた感じがありますね。

中江　女性の三十代って、落語をはじめとする古典芸能に惹かれる年齢なんじゃないかなって思います。ただ派手なものっていうんじゃなくて、もっと地に足がついていて、自分だけの趣味が追求できる。それも、一人で行けるっていうのが。

談笑　ああ、なるほど。実際一人でいらっしゃる

方って結構いますよね。女性の割合っていうのは寄席なのか落語会なのかによってもバラつきはあるけれども、確実に増えていますし。なんだろうな、落語ってね、私がいうと変だけど、知的なんですよ。

中江　わかります、そうだと思いますよ。

談笑　いわゆるお笑いは、漫才だとかコントだとか、YouTuberでもいいけれど、すごく瞬間的で刹那的っていうか、バーンっていう勢いがあって。一方、落語はユーモアだとかウィットだとか、アイロニー、皮肉だったりだとか、社会批判だったりだとかっていう、頭で考えて楽しむ部分がわりと大きくて。その違いがあってか、落語のお客さんって昔からそうなんですけれども、映像関係よりも活字関係のほうが多いですね。出版関係とか、新聞関係の人たちがよく来るけれども、あんまりテレビ業界の人なんかは来ないいんですよね。

中江　落語って「聴く」って言いますよね。言語のものだと思うので。もちろん見てもいるんだけども、耳だと思うんですよね、先にね。

談笑　ええ、ええ。

中江　語り、音というものに集中できるっていうのが落語だし。そしてやっぱり、「生」っていうのが大きいですよね。

談笑　そこなんですよね。あれって、なんなんでしょうね。

中江　私は、読書するときは紙の本一択です。電子書籍は便利で使うんですけど、流れていっちゃうんですよね。なんとなく、頭の中にとどまらないっていうか。

談笑　うん、うん。

中江　本を読むときはいつも付箋を貼りますが、やっぱり読んでるなって感じがしますよね。電子書籍って、付箋を貼るとかそういうものではないじゃないですか。情報を得る、情報を取るのが目的で、読書をしているという感覚は紙よりも薄いなと。

談笑　うん。

中江　生のものっていう意味では、紙の本を読むっていうのと一緒だと思うんですよね。落語に関しても映像で見るよりは、実際に高座で聴く。そっちのほうが身体に沁みてくるっていうか。そういうのは、数値化できないものなのでね。

談笑　どうですか、身の回りで、落語に興味がある女性だとかいらっしゃいますか？　あるいはこないだ行ってきたって話だとか。

中江　……いません。

談笑　やっぱ、いないんだ。まだまだ少ないんだよな。

中江　だから私は、落語を聴きに行く機会があると、「一緒に行ってみませんか？」と人を誘うこともありますよ。まずは経験してもらわないとわからないと思うので。そういうのって大事かなって思って、地道に。

談笑　……断られたり、「やだ」って雰囲気を感じたりしたことありますか？

中江　そんなことはないですよ。みんな、興味はあるんですけど、どうやって行っていいかわからないっていう。あと、自分が楽しめるかどうかもわからない、そういう自信のなさっていうのはあると思うんですよ。落語は知っているけれど聴いたことがない。

談笑　ええ。

中江　私もたとえばお能を初めて観たときは、知人にお誘いいただいて行ったんです。最初はちょっと抵抗っていうか、難しいものなんじゃないかなって思っていました。でも、一度観てみようと。

一回観たからって、すぐにわかるわけじゃないんですよ。わからないけど、一回体験してみることで、じゃあ自分が今日観たものはなんだったんだろうって興味を持って紐解いていく。その日観た演目や演者を調べると、少しだけわかることがある。そうやって知っていくうちに、「もう一回行ってみたいな」と思うようになる。次回行く時には前回の記憶が土台としてあるので、より理解が深まる。三回目になれば、もう怖いものはないですよ（笑）。

談笑　そうなんですよね、そうなんですよね。まぁね、ちょっと興味がっていうところで、YouTubeなんかで昔の名人の人情噺なんか最初に見ちゃうとさ、あんまりおもしろくないんだって勘違いされちゃったりすることもあるんですけど。

中江　知っているものがそれだけになっちゃうとね、わからないですよね。

談笑　もったいないですよね。自分はどういう反応になるのか、試しにその場に身を置いてみる。薪能とかね、あれをもしVTRで撮って、その画面を眺めたところで、あの雰囲気は絶対味わえないじゃないですか。

中江　五感で味わうものだから。お能は一日一公演、一回しかやらないですからね。どんな芸術も一期一会。同じものは二度と見られない。

談笑　ビーチで日光浴するのもね、あれも「体験もの」じゃないですか。で、香りかいで、この開放感って。あれもやっぱりVTRで見たって、なんにも伝わらないですよね。

中江　私、昨日たまたまある番組を見ていてね、ご病気や障害があって動けない方のお宅に出張でコンサートをするバイオリニストの方がいて。しゃべることもできないでずっと寝たきりの方が、そのバイオリンを聴いて涙を流すんですよ。その様子を見ていて、その方にとって音楽がどれほど心に沁みるものか、私には想像もつかないです。またご家族も介護をなさっているのでコンサートに行くなんてことはできないと思っていたけれど、自分も楽しめた、患者さんが喜んでくれていることがうれしいとおっしゃっていて。

談笑　うん、うん。

中江　生で触れることのありがたみっていうのを、考えちゃいました。

談笑　ええ、ええ。

中江　私なんかは今、どこにでも行こうと思ったら行けるのに、怠けているのかもしれない、と考えさせられました。どこにでも行っていろんなものを見られ、いろんなものを聴いて触れられる幸福っていうのは、失くして初めてわかるのかもしれないですけどね。

談笑　私だって行ったことないところはいっぱいあるし。そこに楽しみってあると思うし。

日本人の心を震わせるもの

談笑　落語って、日本人の琴線に触れる何かがあると思っているんですよ。これ私の仮説なんですけれど。「富士と桜と米の飯」って言葉がありましてね。

中江　はい。

談笑　「富士と桜と米の飯」。談志が大好きだった言葉でよく色紙に書いていて。もちろん外国の人が桜の花を見て「Oh, beautiful」かなんか言うかもわからないですけど、桜を見て我々日本人が抱くあのせつなさと、失われるものに抱く愛しさっていうのは、きっとわかんないでしょう。

落語もね、それに近いところがあるんじゃないかなと。何か日本人の心を震わせる要素を持っているんじゃないかな。だから今後、落語もどんどん新しくなるかもしれないけれど、座布団と和服と出囃子の三味線と太鼓っていうのは残る気がしているんですよ。理由はないけれど、なんとなく。

中江　人々の生活の中で、座布団も着物もどんどん遠ざかっていますよね。和室のない家が増えていて。

談笑　そう。畳のない家が増えている中で、皆さんの心をつなぎ止める、あるいは心を震わせる何かがね、落語にはあるんじゃないかなと。

中江　それって、時代劇がダメになったと言われつつ、なくならないのと一緒じゃないですか。

談笑　そう思います。時代小説とかもね。

中江　時代劇は現代劇より撮るのが大変なんですよね。殺陣や所作など、普段私たちが日常生活でやらないことを出演者は求められますから。私もはじめて時代劇に出たときは、カツラをかぶらなきゃいけない、着物を一日中着なきゃいけない、とがんじがらめになって辛かったんです。昔の人はこんなことをしてたの？　と。あ、カツラはかぶっていないんだけども（笑）。でもその不自由さの中でしか描けないストーリーというのはあって。それが心を打つというか。

談笑　ええ。

中江　たとえば、今だったら絶対すれ違わない男女が、すれ違ってしまうみたいなこととかもありますし。貧しさから売ってはいけないものを売らないといけないとか。そういうのって、いわゆるフィクションの、ある種ファンタジーなんですけど。ファンタジーの設定をもってしか描けないってものってあると思うんですよ。だから時代劇っていうのは残っていると思うし。談笑さんの話を伺っていたら、落語っていうのは「フィクションへの窓口」みたいな。

談笑　なるほどなぁ。フィクションへの窓口。

中江　一番簡単にアクセスできるっていうか。時代劇つくるのはものすごく大変ですよ。つくる期間もかかるし。だけど、落語はお一人でやるから。落語家がその世界に、ちゃんと連れて行ってくれるっていう。そんな感じがします。

談笑　なんでしょうね。ノスタルジーって言ったって、我々その時代は生きていないはずなんですけどね。

中江　そうなんですよね。生きていないんですよね。でもやっぱり、人間ってこんなに便利な世の中になっても、無常感っていうんですかね。変わらない息苦しさって、生きづらさって持っていると思うんですよ。だけど、その生きづらさをまともに受け止めると生きていくのが辛くなるから、いろんな娯楽があったり、楽しみがあったり。

談笑　はい、はい。

中江　自分の人生をストーリーにするっていうんですかね。悪いことが起きるっていうのは、次にいいことが起きる、その一つの過程っていうふうに設定していくことによって、今の辛さを乗り越えるっていうか。

談笑　ああ、なるほど。

中江　今、私も自分で小説を書いていますけども。その理由ってなんなのかなって考えたら、ストーリーにすることでしか俯瞰できない部分ってあるんだろうなって思うんですよね。

談笑　ええ。

中江　落語の場合は日本を舞台にした日本人の物語だから、日本人が共感できる郷愁みたいなものが、なんかわかるんだろうと思いました。今とは違うけれども、かつて生きた人たちだってその時代の生きづらさとかあるわけじゃないですか。そこを落語という一つのストーリー仕立てにした、そういうところなんじゃないかな。私たちは現代からそれを見ているわけだけど、どこかつながりっていうのは絶対あると思うんですよね。

談笑　そうですね。

中江　でも、タイムスリップして江戸時代に行ったら、危険極まりない世界なんじゃないかと私は思っているんですよ（笑）。

談笑　間違いないですね（笑）。

中江　だってその辺にみんな、刀持っている人がいるし、危ないじゃないですか。

談笑　野良犬いるし。

中江　そうそう。噛まれたら大変だし。ちょっとでも怪我したら、そこからばい菌が入ってくるかもしれないけれど、抗生剤がないんですよ。

談笑　わはは。

中江　江戸時代ってすっごい危険だっただろうなって思うんですよ。私生きていけないかもしれない。

談笑　わはは。

中江　いや、本当に（笑）。

【中江有里　プロフィール】

一九八九年芸能界デビュー。数多くのTVドラマ、映画に出演。二〇〇二年、脚本を手掛けた「納豆ウドン」で第二三回「NHK大阪ラジオドラマ脚本懸賞」最高賞受賞。二〇〇四年からはNHK BS2「週刊ブックレビュー」にて司会を長年にわたり務めた。また、フジテレビ情報プレゼンショー「とくダネ!」はじめ、多くの情報番組にコメンテーターとして出演している。読書に関する講演や小説、エッセイ、書評を多く手掛ける。著書に小説『結婚写真』『水の月』など。文化庁文化審議会委員。

むすびに

この本は落語を愛する皆さんと、落語をまだ愛していない皆さんに向けて書きました。全人類対応です。また、落語を主題にしてはいますが、コミュニケーション論や文化論その他の無駄話を織り込んであります。寛大なお気持ちでご覧下さい。

江戸から明治大正昭和、平成、令和。時代とともに私たちの社会と意識は変わってきました。そして同じように、落語も変化を続けました。伝統芸能でありながら柔軟なのが落語の面白いところです。

『現代落語論』（一九六五年刊）は私の師匠立川談志による著作です。それから約五十年。世の中はずいぶん変わりました。さらに今どきではサステイナビリティ、コンプライアンス、ガバナンス、ハラスメントなど、社会と意識の変革を促す傾向がますます強まっているようです。ちょっと前までなら当たり前だった常識が今では非常識という例は、もう珍しくありません。

そして少しずつでも世間の常識が変わると、古い常識に沿った落語を聴いて今どきのお客様の受け止め方、反応が当然変わってきます。では、そんな時。つまり「従来の落語」と「今どきのお客様」とが離れてしまいそうになった時、落語はどうなるのか？

なんと、落語そのものに内在している自己補修機能が発動して、今どきのお客様に合うように姿を変えてフィットするのです。はい、大げさです。すみません。まあ、そうそう簡単には行きませんが。長い年月をかけた変化を見ていると、そういう機能が落語には備わっているのだと私には思えてなりません。

では、これまでに落語のどこがどう変わってきたのか、どこは変わらないのか、この先どう変わるのか？

談志の著作にあやかって畏れ多くも『令和版 現代落語論』と題した本書では、大衆芸能である落語が時間をかけながら柔軟に変わってきた歴史とともに、落語が身につけ始めた現代ならではの価値に注目しています。

前半では「落語とはどんな芸能で、どのように変化を遂げてきたのか」を扱いました。現代の落語の実像と落語家、落語の歴史、今後の展望。変わり続けてきた我々日本人と、追いかけるように変化した落語の物語です。

そして後半では具体的に、古典落語のひとつずつに、どんな理由からどんな変化を加えたのか。私が改変した落語を例にして紹介しました。また落語はすべてライブ収録した動画で視聴できる、メディアミックスの親切設計です。ただし、いかに文章や動画を駆使しようとも、残念ながら本来のライブで伝わる醍醐味には遠く及ばないのです。いつかぜひ実際の高座で落語を「体感」して下さい。動画の何倍も楽しいですよ。

ここで念のため。本書に収めたのはすべてあくまでも私の解釈であり私の落語です。重要なのでここで宣言しておきます。諸説あります。個人による見解です。

生々流転。世間の常識も落語も流動的に移り変わります。しかしその一方で変わらない部分もあるはずです。その見極めこそが肝心かなめ。落語は、私たち日本人の心を支えてくれる何かを備えている。そしておそらくその鍵は、晩年の談志がこだわった言葉「江戸の風」にある。これが私の仮説です。

本書の出版につきましては、ひろのぶと株式会社の田中泰延さん、編集の廣瀬翼さん、加納穂乃香さん。装幀の上田豪さん。ひろのぶと株式会社の株主ご一同様。そして何よりも『現代落語論』という畏れ多いタイトルの使用をご快諾下さった談志役場松岡慎太郎さん。また関わって下さった大勢の皆様にお世話になりました。この場を借りて厚く感謝申し上げます。

この一冊が落語界のさらなる発展と、今日も落語を聴くために足を運んで下さる全国のお客様方の喜びにつながることを願ってやみません。

参考文献

『現代落語論』（三一書房／立川談志 著）
『あなたも落語家になれる――現代落語論其二』（三一書房／立川談志 著）
『本朝話人傳』（協榮出版社／野村無名庵 著）
『説教と話芸』（青蛙房／関山和夫 著）
『落語の年輪』（講談社／暉峻康隆 著）
『大衆芸能――その歩みと芸人たち（芸術教育叢書）』（教育史料出版会／高橋博 著）
『講談落語今昔譚』（平凡社／関根黙庵 著、山本進 編）
『中国小説史入門』（岩波書店／竹田晃 著）
『ローマ喜劇――知られざる笑いの源泉』（中央公論新社／小林標 著）
『一気読み世界史』（日経ＢＰ／出口治明 著）

立川談笑（たてかわ・だんしょう）

落語家。一九六五年 東京都江東区生まれ。早稲田大学法学部卒。予備校講師などを経て、一九九三年 立川談志に入門。立川談生を名乗る。一九九六年 異例のスピードで二ツ目昇進。二〇〇三年 六代目立川談笑を襲名。二〇〇五年 真打昇進。二〇一五年 彩の国落語大賞受賞。古典落語を独自の視点で解体・再構築する改作落語と、大胆な新作落語で熱い支持を集める。フジテレビ系 朝の情報番組「とくダネ!」でレポーターを務めお茶の間に親しまれるなど、メディアでも活躍。

令和版 現代落語論 ～私を落語に連れてって～

2023年11月1日　第1刷発行
2023年12月4日　第2刷発行

著　　者　立川談笑

発 行 者　田中泰延
発　　行　ひろのぶと株式会社
〒107-0062
東京都港区南青山2-22-14
電　話　03-6264-3251
ＦＡＸ　03-6264-3252
https://hironobu.co/

発 売 元　サンクチュアリ出版
〒113-0023
東京都文京区向丘2-14-9
電　話　03-5834-2507
ＦＡＸ　03-5834-2508
https://www.sanctuarybooks.jp/

校　　正　株式会社鷗来堂
印　　刷　モリモト印刷株式会社
箔押し加工　株式会社キンコードウ
製　　本　株式会社積信堂
編集担当　廣瀬翼（ひろのぶと株式会社）

装　　幀　上田豪
写　　真　橘蓮二（表紙／本文）・ムトー清次（裏表紙）・田中泰延（対談）
協　　力　有限会社談志役場・立川談笑事務所

高座動画　大熊雪音（ディレクション／撮影）
山内愛夢美（撮影／編集）
福豆たすく（編集）・chiaki（編集）
古賀義正（編集）・小澤直美（編集）

落丁本・乱丁本は送料当社負担にてお取り替えいたします。

ISBN 978-4-8014-9263-9